U0046172

New window

新視野 156

不為人知的都市傳說 2
暗網歸來

亡靈世界、駭人實驗，
真實存在的暗黑計畫

永恆樂章站長 Shawn Chen———著

高寶書版集團

Contents

Chapter 3　亡靈世界

Chapter 4　神祕計畫

序

　　很榮幸地，在眾多支持筆者的讀者、親友們與出版社支持下，不為人知的都市傳說第二部順利發行。筆者也很高興能與各位讀者朋友，再次分享更多的故事。在前一本書中，主要是介紹暗網的一些論壇、黑市，以及黑暗的交易，而本書則會更深入地介紹從暗網回歸到表網的禁片與事件，以滿足既害怕又想瞭解更多暗網祕密的讀者朋友。

　　「人因不瞭解而恐懼」，許多人對於暗網會感到畏懼，是因為不瞭解它，也不敢接觸它，甚至假裝它不存在。然而，暗網卻不會因為我們刻意忽略它，而消失在這世界上，反而我們可以藉由本書的介紹，瞭解暗網到底藏了些什麼祕密。事實上，不僅只有暗網令人心生畏懼，表網所隱藏的祕密，也同樣令人不寒而慄，本書將一併揭開暗網與表網的神祕面紗。

　　在亡靈世界中，由於人們不斷地在探索另一個世界，想要得知在亡靈世界的真貌。然而，另一個世界的亡靈，也透過許多機緣，再度回歸到我們所生活的世界中，也因此，在這個世界中，常會出現一些靈異事件。本章節將會介紹許多不可思議的靈異事件，而這些事件中，有摯愛的不捨、有恐怖的詛咒、有神祕的死亡案件，也有從另一個世界來的未知生物之謎。

在駭人實驗，真實存在的暗黑計畫中，將揭開國外許多令人髮指的實驗計畫。在這些計畫中，除了美國惡名昭彰的 MKUltra 實驗計畫外，也有召喚亡靈的計畫，更有美蘇曾聯手進行的塔可哈莫的外星人與人類研究交換計畫。而這些暗黑的計畫，隨著時間的流逝後，慢慢地曝光在世人面前。

前一本書發行時，突然出現了些小插曲，以致後來改為限制級讀物。雖然在第一本書銷售時，筆者與出版社受到許多壓力，不過在編寫這本書時，仍秉持著盡量讓讀者有知的權利，瞭解更多暗網的內容。

最後在這裡，同樣地要感謝高寶出版社編輯們的大力協助，讓不為人知的都市傳說系列能夠延續下去。也還是感謝我的家人對我的支持，還有感謝我的好友、同事們對我的鼓勵與幫助。最後要大力感謝在 PTT 的 Marvel 版、Facebook 的不為人知的都市傳說社團與粉絲團、香港討論區、百度貼吧等社群的華人朋友，感謝各位一直以來對我的支持與鼓勵。

內文皆為都市傳說，僅供參考，其真實性仍待後人驗證；本書所提供的網址，有可能因時間關係而失效。如感到身體不適，請立即停止瀏覽，以確保平安。

Chapter 1 ⟨Declassify 🔒⟩

暗網歸來

暗網在近幾年由媒體陸續曝光後，其詭異的內容又再度浮上了表網。在暗網裡，不僅僅有違法的交易，也有一些令人感到匪夷所思的內容，包括過去表網所禁止流傳的禁片。事實上，在暗網出現前，有許多禁片無法在一般錄影帶或 DVD 店販售，於是流到了地下錄影帶店，而在暗網出現後，這些禁片也轉為數位化，保存在暗網中，讓一些有爭議性或是有話題性的聳動禁片得以流傳下來。

　　雖然這些禁片令人感到非常不安，但有時人類的好奇心卻更甚於恐懼感，因此許多人還是會忍住心中的不安，尋找這些流傳在暗網中的恐怖片。不過由於表網近期越來越開放，特別是 Liveleak、Best Gore、dqnworld、theYNC 等網站的成立，讓這些禁片可以直接在表網搜尋到，不用再費盡心力在暗網找尋。

　　除了比較知名的馬克斯詹寧斯、一個瘋子與一把冰錐、理卡多洛培茲錄影帶、連環殺手的自白等，這幾部以犯罪的手法所拍攝的真實影片外，比較多的是走心理層面的影片，例如被後世驚悚電影所推崇的波基普西錄影帶、麥可佛森錄影帶事件等，這些被稱為偽紀錄片的電影，卻被美國當局在當時列為禁片。以一向開放的美國政府而言，除非是有什麼不可告人或危害到政府的祕密，基本上美國很少將電影列為禁片，此兩部影片被列為禁片，令人感到非常訝異。

　　特別是爭議性最大的波基普西錄影帶，許多人在觀看後，認為裡面所有虐殺情節都是真實事件，也有真實的受害者，但製片公司一再澄清這只是部電影，然而在當時卻沒太多人相信，這情況與日本當時播出豚鼠系列影片一樣。不過在一些國外的網友協助下，許多當時禁片都紛紛可以在除了上述的影片網站找到外，甚至尺度越來越寬的YouTube，也可以找到從暗網歸來的禁片。

暗網禁片歸來 1　空白的網頁

▌ 由於暗網的話題在美國也一樣很熱門，因此許多人會上網問怎麼進入暗網，又或者是怎麼在暗網作買賣。暗網話題的確很讓人著迷，重點不是在於技術，而是在於內容。暗網裡面的內容千奇百怪，特別是一些末日教派，甚至是伊斯蘭國等，都在上面招兵買馬或是募款。不過有時有些暗網網站似乎有未知的力量存在，在美國就有人在逛暗網時，遇到過一些詭異至極的事。

　　有位美國人傑森在逛暗網時，突然逛到一個畫面一片空白的網站。基本上，如網站失效或連結錯誤，都會固定出現一些訊息，告知觀看者網站出現問題。像這種全白的畫面，必定是有人經營此網站，將背景設計為全白。傑森對網站點了幾次後，畫面突然呈現全紅，接著出現一些詭異的影片。

　　影片一開始，出現的是一名女子被蒙住眼睛，獨自坐在房間的木椅上，後面有蒙著頭的人，拿著一把長劍。當這名男子舉起劍時，蒙著雙眼的女子似乎還不知道發生什麼事，就被這名男子手起刀落，砍下頭來，畫面也瞬間切到第二個影片。第二部影片就見到一名男子開著計程車，後面坐著一個人，似乎拿著槍對著他的頭，當計程車司機開到半途時，後面的人開槍了，子彈穿過司機的頭，司機的腦漿從鼻孔流了出來，畫面再度切到下一個影片。

第三部影片，是有一名壯漢站在高樓頂層，舉起一個人，往大樓下方丟下去，該人當場死亡，接著有一群人拿起石塊丟這人的屍體，影片最後，這個屍體已碎成肉塊了。傑森覺得這幾部影片太過噁心與詭異，於是不願意再看下去，他點了一下影片，這時影片不再播放，整個螢幕轉成紅色。他以為大概就這樣結束了，但紅色似乎像液體般往下移動，他仔細一看，發覺這並不是什麼背景畫面，而是一個人的血噴到鏡頭上，當血往下流動後，他見到一個人的後腦似乎被什麼鈍器，重擊到爆開，原來這血是跟腦漿一併噴出。

　　他嚇到整個人呆坐在螢幕前，但電腦就在此時自動關機。他感到奇怪，電腦是否中病毒，否則怎麼會自動關機。他重新開機，檢查了一下，並沒有見到任何異狀，於是他準備再度進入那個空白網站時，卻如何都進不去了。雖然他一再想著回到那個網站的網址或其他資訊，但任憑他怎麼做，那個空白的網站再也沒有出現。

　　雖然他再也進不去那個詭異的網站，但許多人認為這是好事，因為在暗網裡，沒有人知道，看過這些影片後，會有什麼樣的下場，或許可以揭開一些不為人知的祕密，但或許也因為好奇心，讓自己身處在危險之中。傑森的遭遇，有可能是暗網的不知名人士救了他，將他的電腦強制關閉，如再繼續搜索下去，螢幕裡的下一個主角，很有可能就是他。▌

暗網禁片歸來 2　光明會的活人獻祭儀式
Human Sacrifice and the Illuminati

┃ 1998 年，美國科羅拉多州丹佛市的一個山區，曾出現駭人聽聞的活人獻祭儀式。這是由一個自稱為光明會支派的幾名教徒，在誘拐男子或小孩後，將他們活生生地剖開身體，取出心臟或內臟，甚至割下頭來，進行獻祭給撒旦的恐怖儀式。

　　由於自 1998 年起，每一年都有多名男子或小孩，在這個丹佛的山區失蹤，經過十幾年時間，警方仍未找到原因，甚至連蛛絲馬跡都找不到。就在警方束手無策時，突然接獲一名當地人士的報案，是有關於有人在該山區的印地安保護區中焚燒垃圾，並產生令人作嘔的強烈惡臭，警方立即派人去調查。

　　當警方到達現場時，發現有個小屋，而他們靠近小屋後，突然從小屋裡傳來一陣腐屍的臭味，但因為不確定到底裡面是什麼，且又沒有任何搜查的理由，所以不敢貿然行動。然而，一些當地資深警察認為此事絕對與當地盛傳光明會的活人獻祭撒旦儀式傳說有關，於是通知美國聯邦調查局（Federal Bureau of Investigation；FBI）。

　　由於美國警方與 FBI 常常針鋒相對，因此主動找 FBI 來調查的案件並不多，但此案情非比尋常，當地警方曾聽聞有活人獻祭的事，也常出現人口失蹤的案例，因此派了許多員警去搜尋，但

都徒勞無功，以致於開始找 FBI 幫忙，看是否有所突破。

　　FBI 則透過許多線報與追蹤，終於得到一些消息。這是由一個邪教組織所進行的活人獻祭，而這個組織跟光明會有些關聯，是屬於撒旦教派的分支。平常由幾名女子出面誘拐男子，甚至親近一些有小孩的母親，趁她們不注意時，帶走小孩，或是誘騙她們可以代為照顧小孩。在她們帶走男子或小孩後，就會進行恐怖的活人祭祀的儀式。甚至在儀式後，會將這些人的肉，切割下來賣給其他類似的邪教組織成員，或人肉販子。

　　由於失蹤的人數越來越多，FBI 與警察在掌握確實線報後，決定組一個小隊，並計畫在一個清晨進行突擊行動。他們尋線到了一個森林小屋，並埋伏在附近草叢裡。當他們發現有陌生人到小屋準備進行交易時，突然衝出來抓人。當 FBI 與警察搜到房子內部時，突然發現大量的人體殘骸，還有一些似乎被啃食過的人肉。有些人受不了，當場嘔吐，因為現場太過驚悚。

　　接著 FBI 與警察在屋子內查到數捲錄影帶，影片內容是這些教徒進行活人祭祀的儀式畫面。除了成年男子被殺害，並被割下頭顱外，也赫見出生沒多久的嬰孩成為祭品。更驚悚的是，在進行完儀式後，她們會將祭品分食，異常恐怖與殘忍，許多資深的 FBI 與警察甚至都不忍看完全部影片。這些教徒雖然事後都吃掉祭品，然而對於成年男子與嬰孩的儀式，卻有不同作法。

　　她們會先將成年男子弄昏或是灌醉，趁著這男子昏迷不醒

時，開始進行儀式。首先由一名女子唸祭文，唸完後，另一名女子拿起利刃，往男子的喉嚨割下去。由於成年男子的脖子較粗厚，頸骨也很堅硬，因此通常會由多名女子一起下手。因成年男子不省人事，所以大部分時間，都能順利地把頭割下來。不過，有時男子會痛醒，但氣管很快就被割斷，所以也無力還手。最後這些女子會將男子的頭祭拜撒旦，並分食男子的肉，與喝他的血。在完成儀式後，她們會視情況，將男子的屍體保存或丟棄。

在進行嬰孩獻祭儀式時，會由三名女子同時進行。首先是由一名女子唸祭文，接著由另一名女子，拿著刀從嬰孩的胸腔切下去，一直切到肚臍，如同切牛排一樣。最後，第三名女子伸手進嬰孩的胸腔裡，挖出心臟，與其他兩名女子一起分食，並將嬰孩的血塗抹在身上。而這嬰孩原本在啼哭，也不知何時，已被這些女子折磨至死去。這幾名女子獻祭的目的，是在於要向撒旦輸誠，她們相信吃掉嬰孩的心臟，可以增加她們與撒旦親近的能力；而喝下嬰孩的血，則可以有強大的魔力。

詭異的是，原本此影片被 FBI 封存起來，但當年卻意外地流出到地下錄影帶出租店。FBI 得知此事後，再度調查此片流向，並禁止流出，也成了名符其實的禁片。只是這部影片在有心人士的收藏下，流到暗網。經過多年時間，FBI 停止調查此事後，有人又將此影片回歸至表網路上。▌

Das
verbefferte Syftem
der
Illuminaten
mit allen
feinen Graden und Einrichtungen.

Herausgegeben von
Adam Weishaupt
Herzoglich Sachf. Goth. Hofrath.

Hic fitus eft Phaeton, currus auriga paterni:
Quem fi non tenuit; magnis tamen excidit aufis.
Ovid. Met. B. 2.

Neue und vermehrte Auflage.

Frankfurt und Leipzig,
in der Grattenauerifchen Buchhandlung. 1788.

◀ 初代光明會標記

光明會的活人獻祭儀式影片

暗網禁片歸來 3 馬克斯詹寧斯
Marcus Jannes

█ 許多禁片在表網是禁止出現的，一旦在表網的部分論壇出現，很快就會被刪除，例如曾於 YouTube 出現伊斯蘭國用坦克輾斃犯人的影片，結果成為 YouTube 禁片。換句話說，大部分論壇的禁片，在西元 2000 年後，陸續被影片網站管理員查禁，或有心人士讓這些影片消失在地表上。不過因為有暗網的存在，這些都市傳說般的禁片被保留了下來，但仍有些影片則到現在還沒有找到，例如光明會的血祭實況，曾經出現過在表網上，後來又進到了暗網，最後連暗網的幾個論壇都無法保存，可見其高機密性。

　　雖然沒有光明會的影片，但許多禁片因為被有心人士保留，讓這些影片能夠再度回歸表網。其中又以馬克斯詹寧斯在瑞典知名論壇所貼出的影片、「理卡多洛培茲的最後 18 小時」，及「一個瘋子與一把冰錐」等三部影片最為知名又恐怖。這裡先介紹馬克斯詹寧斯。

　　馬克斯詹寧斯是一位 21 歲的瑞典籍男子，他曾宣告要在瑞典論壇貼出一個震撼世人的影片，這個影片就是他要吊死自己。在影片播出的前幾小時，他在論壇的精神問題討論區中，架設一台實況攝影機，並在上面留言，他已準備了 100 毫克的強力止咳藥，還有 1500 毫克的止痛藥，隨時準備上演自殺實況。

在他貼文數分鐘後，馬上就有一群人在上面留言，有些人試圖阻止他的舉動，勸他想開點，有問題尋求親人朋友的協助，沒必要走上自殺一途。甚至有很多人勸他，比他悲慘的人多的是，他們都樂觀以對，想想他們，再想想有沒有必要自殺。勸他的回應不斷湧出，希望可以阻止這場悲劇發生，只是勸到最後，居然有人開始冷嘲熱諷，甚至有人開始教他怎麼吊死比較快。

約一小時後，馬克斯終於回應了，他說他準備這次的實況自殺，已有六個月之久，並使用電線來吊死自己，但他又害怕電線會斷掉，因此他模擬多次後，決定還是要用電線。他說他得了亞斯伯格症候群以及高功能自閉症，並害怕跟人交談，雖然他是高材生，但不易與人溝通，因此他感到非常孤獨，想要一死了之。

到半夜一點，他對著鏡頭說他的行動要開始了，因為他怕再過一會兒他會改變心意。在他說完後，他開始用電線將他的脖子纏起來，然後掛在門檻上，接著他就垂下身體，整個頭吊了起來。大約過了二十幾分鐘，大部分人意識到他是來真的，因此趕緊找警察。

瑞典警察在一小時內，趕到了他的家中，但已經太晚了，他被吊了半小時以上，接著醫護人員也來了，雖然有進行急救，但還是救不回他的生命，整個過程透過論壇傳到整個瑞典，甚至歐洲各地。

瑞典警方在事後調查那些在論壇冷嘲熱諷的人，甚至試圖

將他們定謀殺罪，但最後還是沒有提告。瑞典警方一度將此事低調帶過，甚至瑞典論壇將此影片給銷毀，此影片一度消失在表網上，只是有些人保存了起來，甚至在暗網發佈，近期又有人將這段駭人的自殺影片上傳至 YouTube，整件事才因此在表網再度曝光。▊

馬克斯詹寧斯影片

暗網禁片歸來 4　一個瘋子與一把冰錐
One Ice Pick One Lunatic

▌說到禁片，大部分都是電影以超寫實手法，演出殺人或自殺的片段；而這些片段，則有時讓人誤以為真，但往往都是虛構，因為沒有半個製片公司願意承擔殺人風險來拍這些影片。

　　暗網歸來的第二部影片，則是加拿大一名叫盧卡羅科馬尼奧塔的男子，所拍攝的一連串殺人與肢解影片，當然他所用的兇器，就是一把冰錐，而原本眾人認為受害者是一名來自大陸的華人林俊，但經過警方調查，影片中的死者是另外一位華人。雖然影片中的不是林俊，但實際上他也被殺害了，並被肢解棄屍於多個地方。

　　這部影片的爭議點，除了本身盧卡羅科馬尼奧塔的殘忍實況錄影外，還牽涉到表網最後一個禁片網站的存活，那就是鼎鼎大名的 BESTGORE。由於有人將此影片放在 BESTOGORE 上，而 BESTGORE 宗旨就是讓一般人看到最真實的影片，因為許多攝影師拍到的人類死亡影片，都被電視台或相關單位處理過，因此他希望有個空間可以保留這些原始影片，讓人類看到一些殘酷事件的真貌。

　　這部影片的母帶原被加拿大警方扣留，但不知為何會出現在網路上，且是大名鼎鼎的 BESTGORE 網站。原本這件事並不

是太多人知道，僅限加拿大人，但加拿大警方突然大動作地限制BESTGORE播放，並要 BESTGORE 刪除這影片。加拿大警方的大動作，讓此事件在國外社群論壇間迅速爆發，接著表網、暗網，所有網路都有這部影片的身影，甚至在谷歌關鍵字裡，也占一個重要席位。

只是 BESTGORE 站長馬克馬爾克認為此事非他能控制，也並非他傳播，於是與加拿大警方對抗。在 2013 年 7 月，加拿大警方正式逮捕他到案，罪名居然是猥瑣罪，起因是擅自在網路發佈「一個瘋子與一把冰錐」的影片，有部分人士猜測，因加拿大警方找不到影片散佈的源頭，於是就拿 BESTGORE 開刀，當替死鬼，以平息內部及外部的壓力，甚至要掩蓋讓加拿大人蒙羞的醜聞。

目前馬爾克被保釋在外，並於 2016 年宣判結果。他在保釋期間，被禁止使用電話、網路、電腦等能夠連上網站的物品。而BESTGORE 網站早在他出事前，就由幾名支持他的群眾接手營運，如不是這些支持者，這個網站消失在地表上的時間也只是遲早的事。

「一個瘋子與一把冰錐」影片原本的影響力不是在於影片的本身，而是隨著 BESTGORE 事件所帶出的後續效應。原本這影片被強制下架，流落到表網以外的地方，但近期 BESTOGRE 又將影片的存放位址釋出，更令人驚訝的是，連 YouTube 都可以找到蹤跡，似乎加拿大警方越來越無法掩蓋此事件的擴散。▌

▲ BESTGORE 網站宣告「一個瘋子與一把冰錐」影片被加拿大蒙大拿警方禁止播放，成為加拿大禁片之一

影片 🔍 一個瘋子與一把冰錐

暗網禁片歸來 5　理卡多洛培茲錄影帶
Ricardo López Tape

▌大部分暗網的禁片，其實源自於表網，但因為受到一些執法單位的取締，因此先轉進暗網，等鋒頭過了，再轉回表網。在這些影片中，有一部名為理卡多洛培茲錄影帶（Ricardo Lópezv Video Tape）的影片，其片長在所有禁片中名列前茅。這部影片共長二十小時，內容為理卡多的自拍，敘述他如何開始喜歡聽冰島歌手碧玉（Bjjörk）的專輯，到他瘋狂迷戀碧玉，最後在碧玉宣布與黑人歌手戈地（Goldie）與詭計（Tricky）兩人大談三角戀情後，理卡多轉而憤怒，並進行一連串殺害碧玉的行動，然後舉槍自盡收場。整段他的心路轉換，都一五一十地呈現在影片中。

理卡多是一家美國蟲害控制公司的員工，身邊的人都稱他為碧玉迷。他喜歡在佛羅里達家中自拍影片，他暱稱自家為好萊塢。在他迷上碧玉的九個月中，不斷地拍攝他對碧玉的喜愛，及對她歌曲的評論。一直到中後段時，他的影片開始走樣。他開始拍攝製作硫酸炸彈的過程，並揚言要炸傷碧玉，甚至是炸死她。自 1996 年 1 月他的 21 歲生日開始，到 1996 年 9 月中，共錄製約二十小時的影片。在他寄了一包郵包炸彈給居住在倫敦的碧玉後，開始錄製最後一部影片，影片內播放的是碧玉翻唱的老歌〈I Remember You〉，只見他失神地來回走步，嘴裡唸唸有詞。而在影片結尾，他將槍放進嘴裡，開槍自盡。

在他死後的幾天，有人發現他的屍體並報警。當警察到他家時，發現多達八百頁的日記和這幾部影片。在警察播放這些影片後，發現炸彈郵包已經寄出，於是通知倫敦警方攔截郵包，所幸警方成功擋下郵包，並未釀成任何傷害。比較詭異的是，這些影片當時被美國聯邦調查局（FBI）所查封，但在不明原因下，居然流落到網路上。

由於理卡多是採用八厘米攝影機所錄製，因此有人將此影片轉成數位化，再上傳到網路。當時有這捲母帶的除了FBI，還有美國警方，因此影片來源成了一場羅生門。由於FBI管理制度嚴格，因此有人懷疑，美國警方在交由好萊塢警局錄影部門協助轉成數位化後，中途被不知名人士轉錄出來，上傳至網路。也有人懷疑，由於當時尚未有暗網，此影片是某位地下網站人士利用特殊管道取得母帶，轉錄成數位化光碟，並於拍賣網站兜售，當時拍賣網站管制比較鬆散，因此許多人購得光碟後，紛上傳至網路。▌

理卡多洛培茲錄影帶影片

暗網禁片歸來 6　連環殺手的自白

──────────────────────────────

▌里奧納德雷克（Leonard Lake）與查爾斯吳（Charles Ng）在美國連環殺手榜上，是數一數二的人物。據美國警方的官方紀錄，這兩人總共殺害十一人，但這還是後來有找到屍體的數目，一些犯罪專家推論，被這兩人殺害的死者，應高達二十五人，被害者大部分都是女性，但也有幾名男性。兩人的手法多以姦殺、虐殺或凌遲被害者，甚至有人懷疑，他們將一些被害者，一刀刀割下肉來，在被害者面前吃下這些肉，或逼被害者吃。而兩人會將過程拍攝下來，在日後慢慢觀賞他們的傑作。

這些原本應該完全被警方銷毀的影片，在不明的原因下，流到了暗網，接著有人從暗網找回來，放在 YouTube 上，只是這部影片有經過剪輯，並未完整播放原版片，這也和一般從暗網歸來的禁片狀況不同。有人猜測，是因為原版影片過於殘忍，為避免驚動美國聯邦調查局，而惹禍上身，因此僅播放剪輯過的影片。

這兩人的故事從里奧納德雷克開贓車被警察攔下，立刻服毒自殺，查爾斯吳被逮捕，判處死刑後，便傳遍了全美國，甚至全球。而這兩人被警察逮捕，並不是因為連環殺人被揭發，而是他們在舊金山偷了一位亞裔人士的車，亞裔人士報警後，與警察形容偷車賊的長相，警察在路上攔截他們。里奧納德雷克深知自己所犯下的罪行終有一天會被揭發，並會被判處死刑，因此身上隨

時準備一顆氰化物藥丸，當他被警察逮捕時，向警察要了杯水，謊稱要吃藥，但實際上是要吞下氰化物自殺。

在他死後，查爾斯吳束手就逮，警方查出這兩人犯下非常驚人的罪行，在媒體一一曝光後，全球震動。事實上，當時有謠言宣稱里奧納德雷克與查爾斯吳拍了許多影片，大部分的虐殺情節都是找演員來演，目的是為了要賣這些影片賺錢，就和成人製片公司一樣，只是這個說法並未找到明確的證據，且除了在YouTube播放的影片外，也沒有其他地方可以見到這些影片的蛛絲馬跡。

兩人所拍攝的影片，跟大多數的禁片下場一樣，被美國警方沒收及銷毀，照理來說，應該不會出現在這世界上，但令人驚訝的是，在不久前，有人在暗網找到這些影片，並將部分影片上傳至網路，甚至是YouTube，只是原版影片太過殘忍，上傳者將影片剪輯過才放出來，目前要找到完整影片，幾乎已是不可能的任務了。

這部被剪輯過的禁片，前半段主要是里奧納德雷克對於犯案過程的自述，包括如何進行虐殺，整個虐殺的情節，一一詳述。後半段則是對其中一名女性下毒手的部分過程，但基於影片擁有者的考量，並未將完整情節放出來。

事實上，知名的BESTGORE網站也有介紹過這部影片與里奧納德雷克的故事，但比較特別的是，過去BESTGORE多半會

有這些禁片的原始影片，唯獨這部影片僅只有照片介紹，卻沒有完整的影片，這是非常罕見的事，這也代表原始影片擁有者有著神通廣大的本領，才會從美國警方的手中，甚至是銷毀之後，還能夠再度取得。█

連環殺手的自白影片

暗網禁片歸來 7 波基普西錄影帶
The Poughkeepsie Tapes

■ 日本的豚鼠系列相信很多人都聽過，這一系列在當年拍得非常寫實，寫實到日本人懷疑裡面的演員是否真的被虐殺，後來雖然有導演與演員出來開記者會澄清沒有人被虐殺，但最後還是被日本政府給禁了此片。在美國，有一部電影也是被數度禁播，禁播的範圍甚至從電影、電視，一直到錄影帶或 DVD。不過神通廣大的網友，硬是將這消失在地表上的影片找到，重新上傳到 YouTube，讓這部傳說禁片中的禁片，再度重現天日。

波基普西錄影帶是一部偽紀錄片，述說波基普西市附近出現大量的失蹤人口，甚至有全家人一夜之間人間蒸發，但都找不到屍體。美國警方、鎮暴部隊、聯邦調查局在接獲線報後，查緝一名嫌犯的家，赫然發現有八百部虐殺影片，且這名重嫌家的後院，埋了許多受害者的屍體，簡直就是一個墓場。警方查看這名嫌犯的錄影帶後，發現虐殺的手法非常變態，先是用一些恐怖的手段，讓受害者心生恐懼，再進行各種不同方式的殺害。

除了搜出錄影帶及大量死者外，警方居然還找到一名女性生還者。這名女子不知為何在嫌犯的重度虐待下，還能夠能存活下來。警方在後來的錄影帶中發現，嫌犯在殺人的過程中，會讓這名女子全程目睹。最後拍攝紀錄片的工作人員訪問這名女子，才瞭解原來這名女子得了斯德哥爾摩症後群，她愛上了嫌犯，並認

為嫌犯也愛著她。不過就在訪問過後的兩週這名女子自殺了，更可怕的是，這名女子埋在墓園的屍體被不知名的人士盜走，所有人都懷疑，這名嫌犯不但有虐殺的嗜好，也有戀屍癖。

這部影片的劇情在各種虐殺的影片中極為常見，然而詭異的是在電影院上映幾天前，居然被美國當局禁播，連帶影響到後面所有媒體的播放。曾有個電視頻道播放了一次，但隨即又再被禁播，這在美國非常罕見，於是就有人認為，這電影雖然訪問的人都是演員，但裡面虐殺的片段，卻是從真實錄影帶剪輯出來，根據真實事件改編。換句話說，這影片的內容有部分是真實的，雖然導演等工作人員全跳出來否認，但裡面的驚悚程度，的確讓人非常不安。

原因是在於波基普西市在影片拍攝前，有一位連環殺手肯道法蘭克斯，在 1996 至 1998 年間，連續虐殺八名女子，當時波基普西市人心惶惶，深怕被肯道闖入家裡，或走在路上被抓進車裡帶走。

電影要在美國被列入禁片，幾乎是不太可能的事，但波基普西錄影帶辦到了，它不僅僅讓此片消失於地表上一段時間，也創下所有媒體被禁播的紀錄。這部電影黑暗的程度，除了影響日後同類型的電影拍攝外，也影響到後來許多虐殺案件的出現，當然也包括暗網裡的許多虐殺網站，甚至許多變態殺手奉為聖經。▌

暗網禁片歸來 8　麥可佛森錄影帶事件

McPherson Tape

近期，一度消失在地表上的麥可佛森錄影帶原版帶，突然出現在表網網站上，讓這個充滿謎題與話題的錄影帶，又重新出現在人們的面前。

麥可佛森錄影帶事件，是在講范希西斯一家人正在替小女兒密雪兒慶祝生日時，房子突然停電。男主人和朋友麥可兩人，拿著家庭攝影機到戶外一探究竟時，幾道光芒從房子外邊的樹叢裡照射過來。兩人感覺非常奇怪，於是就沿著光照過來的方向走去。在進入樹叢後，兩人突然發現一架不明飛行物停在樹林裡，接著畫面轉到旁邊，赫然見到兩個灰色皮膚的外星人看著他們，兩人當場嚇到跑回家，跟家人說明狀況。

就在兩人與家人討論該如何做時，突然聽到屋頂上有聲音，於是其中一名男子拿著獵槍出門，剛好撞見外星人，他馬上將其中一名外星人射殺。接著另一名男子出門把外星人的屍體拖進房間內，然而，恐怖的事從此接踵而來。全家人受到許多不明的騷擾，還發生許多驚悚的事。

影片的最後，全家人離開了客廳，其中一名男子將攝影機擺在客廳的一角。在最後的最後，見到了幾個外星人闖了進來，其中一名外星人看到了攝影機，影片就此結束。在影片完結前，還

放上電話號碼，對觀眾說明，如有這家人的消息，請打畫面中的號碼聯絡。

　　這一切看起來頗真實，且用家庭攝影機拍，現場更像真實過程一般，但很可惜的是，這部影片是一位美國導演的處女實驗作，也就是說裡面所有內容都是假的，影片結尾前，還有工作人員名單。此影片在 1998 年還有人重新翻拍。

　　麥可佛森錄影帶事件聽起來，似乎只是一場布萊爾女巫事件的翻版，但事實上，並沒有這麼簡單，因為近期又浮出麥可佛森錄影帶的另一版本，整件事又進入一場羅生門狀態。在這部影片裡，有幾名國外學者在解釋這家人遇到外星人的過程，且此部影片有更清楚的對抗過程。

　　換句話說，這個版本是正式版的補充版，但導演為何要隱藏此片段，動機令人非常不解，於是有些研究外星人的專家就懷疑，這件事是真的有發生過，只是因為不明原因，整段故事在拍出來後，把重要部分如與外星人對抗的一段剪掉。有人猜測，因為 1980 年代美國與蘇聯兩大強國不斷宣示與外星人接觸的成果，一旦此事完整曝光，難保蘇聯會有什麼動作。

　　最明顯的就是美國於 1947 年，出現羅斯威爾飛碟墜落事件，雖於 50 ～ 60 年代曝光後，美國政府否認此事，只說這是高空氣球實驗計畫之一，但不久後，蘇聯於 1969 年又有意無意地透露飛碟墜落的消息，甚至流出解剖外星人的影片。很難不讓人聯想，

當時這兩大強權是否真的隱瞞了跟外星人接觸的事實。

　　麥可佛森錄影帶雖然當時有在電視上播出，但後來卻悄悄地消失無蹤，因此有人認為，美國政府是刻意隱瞞及壓下這部影片，這就和「道西基地」是一樣的故事，幸好後來有人保留下來，現在我們才能在網上見到完整版。▋

麥可佛森錄影帶事件影片

暗網禁片歸來 9　詭異的監禁禁片

▋如果說暗網的恐怖片是肉體戰，那麼表網的影片就是精神戰。歐美一些邪教組織，與一些思想極端分子，經常在網路上進行一些犯罪預告。過去常可以在網路上，見到幾部詭異至極的影片在表網流傳，雖然血腥程度沒有暗網那麼露骨，但其神祕詭異恐怖的氣氛，似乎比明顯血腥片段來得更為駭人。

這邊先介紹這部恐怖監禁的影片，它是用一些暗示手法來拍攝，穿插恐怖的旁白，其語意大致如下：「你在這裡，我讓你在這裡，我給你一個家，你住在這裡，但你似乎不感激我。我讓你溫暖，我餵飽你，我給你一個祕密基地。我清洗你骯髒的身體，我讓你保持清潔。我教導你，但你卻是一個忘恩負義的人。」

在影片第 24 秒及 50 秒處時，出現一個類似黑色袋狀物，有人認為配合這個旁白，應該是有人誘拐被害者，然後監禁這個被害者在這個影片的地下室裡，再用漂白水來清洗這個被害者的身體。當被害者不願就範或想逃脫時，這拍攝者警告被害者後，有可能將被害者給殺害，並用黑色袋狀物包起來。

只是這個被害者是否為人類或其他動物，這就令人感到非常詭異的地方。不過根據幾名網友猜測，從房內的環境、詭異的音樂、現場的凌亂衣物，甚至有女性的一些鞋子或包包來看，這受

害者是女性，並且從一些片段中的食物來看，有可能是攝影者抓著受害者到森林中的一個房子，除了監禁、清洗外，接下來很有可能是被當成食物吃了。

畢竟這部片有部分的暗示跟食人族群有關聯，且原本這部影片放在 Creepypasta 網站中，原作者在不明原因下，刪除了相關影片。這時就有網友猜測，如果不是將事情鬧大，或受到 FBI 等相關單位調查，應該不會那麼快刪除影片，因此大部分網友朝著真實犯罪方面去猜測。

不過有人有另類的猜測，因這個物體的前方反光點，類似貓或貓科動物或眼睛會反光的動物，因此可能是動物的屍體。不過也有人猜測，這就是拉克（The Rake），也就是謎一般的生物。當然拉克的影像也不是沒被拍到過，但通常都是在攻擊人類的時候拍到的，很少會出現像這樣的影片，且對於旁白根本沒有任何的關聯。

這攝影者、地點、被害者都是一團謎霧，當然在真相查明前，或拍攝者揭露拍這部片的用意前，眾人只能靠猜測，又或許只是一個變態者殺掉自己的寵物，並烤來吃也說不定。然而，根據過去國外知名討論區 4chan 的犯罪預告經驗來看，也有是另一件有關人命的犯罪預告。▌

暗網禁片歸來 10　潛水員之死
Yuri Lipski

▍在 YouTube 的十五部最可怕的影片中，大部分都是人為的恐怖，但真正令人由心中產生恐懼的，是第四名的尤里利普斯基（Yuri Lipski）的死亡前一刻。

　　這部影片的恐怖之處，是在於它忠實地由第一人視角，記錄尤里利普斯基從開始潛水，到水深約 91 公尺處，由生到死的過程，雖然從影片上看不出太多端倪，但如知道故事的背景，則會令人毛骨悚然。

　　尤里利普斯基是名潛水好手，他的潛水經驗豐富，於西元 2000 年的時候，他挑戰位於埃及紅海附近的藍洞。由於曾經有許多潛水好手死於這個藍洞，因此這裡有著世界最凶險的潛水處稱號，甚至被稱為潛水者墳場，是許多潛水好手又愛又怕的聖地。

　　這個聖地在當地有個非常有名的都市傳說，有一名埃及少女因為家裡貧困，因此家人將她送給一名貴族男子做為第十任妻子，但這名貴族男子的家人看不起這名少女，不斷地欺負她。最後她在一個滿月的夜晚，跳進藍洞裡自殺身亡，然而，她的靈魂卻在藍洞裡徘徊，只要有人進到她的地盤，她就會將這人拉進藍洞深處，讓這人溺死。

不過藍洞與這個都市傳說有關是因為地形之故，許多潛水好手在潛下水時，會經過一個約 52 公尺深的水道，接著就會進到藍洞，假如錯過這個水道，就會被水流一直拉到更深的海溝，對於一般人而言，揹著氧氣瓶只能潛到 30 公尺處，若要潛到更深的地方就會可能發生危險。因此許多潛水好手在下潛時，因過於自信，再加上對地形的不熟悉，最後喪失了生命，尤里利普斯就是其中一位。

尤里利普斯與其他潛水好手一起下潛時，不知發生什麼原因，他竟然錯了進到藍洞的水道，讓他不斷地下滑到更深處，最後一路下滑至約 91 公尺處，接著他身體產生了最可怕的氮氣麻醉反應，讓他出現了幻覺，不知身在何處，更不知該如何是好。由於潛水到深處時，許多有戒心的潛水好手會帶著混合氣的氧氣瓶，裡面混合氧氣、氮氣、氦氣等氣體，以降低潛水者的麻醉反應，但尤里利普斯卻忽略了這點，讓他潛下去短短數分鐘後，落到海溝最深處而死亡。

尤里利普斯的屍體被同伴打撈上岸時，發現他的錄影機還在運作，因此有人將這段過程放上 YouTube，影片一開始就見到他與同伴失散，不斷地往下滑，在影片的最後部分，則是因為他因為氧氣瓶用盡，試圖掙扎一陣後，便死亡不動了。事實上，有許多死於藍洞的潛水員，死亡的過程與尤里利普斯類似，只是尤里利普斯剛好帶了攝影機，拍攝了整過死亡過程。

比較詭異的是，雖然尤里利普斯的家人與好友當時試圖將這

段影片銷毀，但不知被什麼人放在表網上，似乎是刻意讓許多人知道這件事，其動機到現在仍然不明。█

▲ 讓許多潛水好手斷魂的藍洞

潛水員之死影片

暗網禁片歸來 11　那裡什麼都沒有
There is Nothing

在 YouTube 的十五部最可怕的影片中，令人感到最為詭異的是第十部，被稱為「房子裡的餐廳」（Dining Room）或「那裡什麼都沒有」（There is Nothing）的影片。整部影片僅長約一分多鐘，見到一名女子坐在餐桌前，手上拿著一個湯匙，桌上有一個大碗，她的背後是一個窗戶，外面有火在燃燒。一開始這名女子講著聽不懂的語言，接著她的臉往大碗撞下去，過了許久，她又起來，在片尾結束前，她說了句：「那裡什麼都沒有」。

這部影片一開始並不是在 YouTube 上出現，而是有人在暗網的論壇裡，釋放出影片的檔案供其他人下載。隨後又浮上了表網路，再供更多人下載，一夕之間，下載數達三百萬人次。不久後，有人又將這部影片放上 YouTube，點閱數很快地就超過一千萬人次。由於此影片太過轟動與詭異，當時幾乎所有前十大或前十五大的網路詭異影片中，就一定會看到這部影片。

在影片轟動了一陣子後，原作者大衛爾（David B. Earle）現身於網路，並告知所有人，這是他拍的一部 Cult film（儀式電影），只是想單純表達他的藝術。照理說，原作者現身後，此影片的神祕感應該一掃而空，但事實卻並非如此，其真相更為驚悚。大衛爾敘述，原影片是只有這名女性的頭從大碗裡起來，說了一句「那裡什麼都沒有」，但有不知名的網友變造影片後，出現了詭異現象。

大衛爾沒有料到，有人將此影片正向播放或反向播放，居然成為一個永不結束的影片，且在反向播放時，這名女性講的話，似乎與古希伯來語的一些召喚死亡的語法類似，換句話說，如反向播放，這名女子是在召喚亡靈。大衛爾也在自述中表示，自從他看了這部由其他人改造的影片後，居然腦中出現了人輪迴的畫面，且常會出現見到亡靈歸來的幻覺。

　　這種詭異現象不只有他見到，有些看了此影片的網友，也出現這樣的恐怖經驗，特別是 YouTube 有人播放了四個多小時的版本，一直不斷地重複播放此片段，許多人在看了這版本後，精神上出現了極大的壓力，甚至有人腦中不斷重覆此畫面，壓力大到要尋求精神科醫生。跟大多數暗網歸來的禁片一樣，有些網友受不了，要求 YouTube 列此片為禁片，但 YouTube 始終未將此片列為禁片。▎

那裡什麼都沒有四小時版影片

暗網禁片歸來 12　演出人間惡魔的奧立維爾

Transfiguration

▌在十五部最可怕的影片中，第九名的影片有種讓人說不出的不安與沉重感，特別是長時間看著這部影片，會讓人感到暈眩或窒息的感覺。這部影片並不是恐怖片，也不是虐殺片，而是一部由法國黏土藝術家奧立維爾（Olivier de Sagazan）所拍攝有關於改變形體的影片。他所用的改變形體（Transfiguration）一詞是源自於聖經，但在這裡，則是代表他從生的形體，轉變到死的形體的整個過程。由於實在太過逼真與詭異，當時他在全球巡迴演出時，有些國家認為他的表演有如惡魔上身，試圖禁止他的演出。

由於他的表演及影片，是一個非常道地的 Cult 藝術，因此造就了許多崇拜他的人，這些人甚至認為，奧立維爾所謂的改變形體表演，並不是真的藝術表演，而是真實的惡魔召喚術。藉由此召喚術，他不僅僅釋放了心中的惡魔，更是將死神從地獄裡召喚了上來。不過這些都只是臆測，許多人聽了都會一笑置之，因為就一個普通的藝術表演，怎麼會跟惡魔扯上關係。

然而，看到奧立維爾的其他表演，甚至在他受訪時所作的陳述，簡直會讓人不寒而慄。他一直認為，在他的身體中，住著神聖的靈魂，同時也住著邪惡的惡魔，因此他認為，只有藉著他的表演，才能夠將他的惡魔一面，完全地顯露出來。這也是他所謂的改變形體表演，從人的外表，改變為惡魔的形體。

透過表演，可以清楚地表達出他自己。他的表演包括雙生體變異、大師級、重塑等，每一個表演都是在表達在地獄受苦的靈魂，以及回歸人間的惡魔。這些表演已不再是外形上的恐怖了，甚至是從心理就出現了沉重的感覺。因此許多看過他表演的人，心靈像是遭受到沉重的打擊，因為他們認為，奧立維爾的表演是將人最黑暗的一面，赤裸裸地顯露了出來，這也是有些國家試圖禁止奧立維爾在境內公開表演的原因之一。

值得一提的是，奧立維爾的雙生體變異和大師級，影響後世許多恐怖電影與電玩遊戲的人設造型與故事情節。最有名的是沉默之丘（Silent Hill），遊戲裡面的惡魔或沒有五官的鬼魂的設定，就是仿照奧立維爾的表演外型，其動作也是仿照他的一些表演，甚至連環境設定也是，兩者都是讓人感覺身處在真正的地獄之中。▌

奧立維爾的改變形體影片

暗網禁片歸來13 令人不安的 Shaye Saint John

▌相信許多人都看過 YouTube 的十五部最可怕的影片，其中高居第一名的是一個奇怪的玩偶，講一些奇怪的話，這些話讓人感到非常不安，甚至有些人出現躁鬱症，必須求助醫生。由於這影片帶來的精神壓力非常大，因此許多人寫信給 YouTube 抗議此片的播放，甚至連署要求將此一系列影片為禁片。

這一系列的影片是由一位叫艾瑞克弗尼爾（Eric Fournier）的男子所製作拍攝，這玩偶的名字叫 Shaye Saint John。艾瑞克弗尼爾是 The Blood Farmers 樂團的一名歌手，由於這樂團的發展有限，因此他離開這樂團，獨自一人到洛杉磯發展。當他抵達洛杉磯時，重新組了一個樂團，但這次不僅僅是錄唱片而已，同時開始製作一些影片。

艾瑞克弗尼爾拍了幾部影片，其中最有名的就是 Shaye Saint John，這個角色的背景描述一名知名的女模特兒，因為被火車撞到，她的臉被撞爛，手與腳都被火車輾斷。醫院治療後發現恢復原來的面貌與治療手與腳，需要一筆很大的費用，因此她選擇用塑膠將整個頭包覆起來，並找來一對塑膠手與塑膠腳當成義肢。不久後，Shaye Saint John 整個人性情大變，因為她經歷了一場生死交關的大火，精神上出了點問題，所以後來的舉動，都是非常詭異，甚至令人感到非常不安。

艾瑞克弗尼爾最初是用 Shaye Saint John 的名義在 YouTube 發片，並將全以真人方式演出。由於實在太過逼真，許多人真的認為 Shaye Saint John 是一個活生生的人物，且在當時造成一股轟動，因為 Shaye Saint John 的影片實在太令人不安，真的就像一個精神分裂症的人，因此當時有不少人看過它的影片後，居然出現躁鬱症的症狀，必須求助於精神科醫生，甚至有些人對它產生偶像崇拜，模仿它的動作與說話的腔調。由於患者越來越多，因此有許多人寫信給 YouTube，請 YouTube 將此片列為禁片。

較詭異的是，原本大家以為艾瑞克弗尼爾是要拍一系列搞笑影片，藉由 Shaye Saint John 來諷刺時事，並帶給觀眾娛樂，但艾瑞克弗尼爾實際上是要藉這個 Shaye Saint John 來傳達自己反社會的 Cult 意念。為了要讓世人更以為 Shaye Saint John 是個真實人物，他乾脆幫 Shaye Saint John 製作 Facebook、部落格甚至網站，並發行 DVD。由於這影片內的 Cult 意識太重，特別又是反社會人格，當時出現極端的支持者與極端的反對者兩種聲音。支持者認為 Shaye Saint John 幫他們達到反社會效果，精神上受到解放，而反對者則認為 Shaye Saint John 是顛覆現有的社會體系，精神上受到傷害。甚至此影片讓許多人在萬聖節時，戴著 Shaye Saint John 的面具嚇人。

艾瑞克弗尼爾因為有用藥過量與酗酒的習慣，於 2010 年，大量胃出血死亡，所有喜歡 Shaye Saint John 的支持者，感到無法置信，更無法接受 Shaye Saint John 與艾瑞克弗尼爾一起到了天堂，也因此，有些支持者認為，有一天他們一定會再見到 Shaye Saint John 2.0 歸來。▌

Shaye Saint John 詭異的官方網站

最大的中文暗網黑市　消失的古道社區

▌許多人都很好奇暗網是否有中文網頁，答案是有的，裡面還有很多人留言，很多非法的服務也可以在裡面找到，但可信度仍有疑慮。不過有個傳說中的最大中文黑市市集「古道社區」的確是存在過，只是前陣子因不明原因，突然消失無蹤，一般相信，應該是被大陸有關當局給強力禁止，但其實應該是有更多的原因，因為身為最大的中文黑市暗網，且伺服器是架在國外，華人政府應該管不到，為何說關就關，其原因眾說紛紜。

　　目前暗網建立的中文討論區中，以深網中文、暗網中文論壇較為知名，但與古道社區相比，規模就小很多，甚至現在許多網友還在表網、暗網找尋古道社區的新網址，因為他們相信，這個古道社區應該還是存在，只是網址再度隱匿起來，伺服器 IP 位址也同樣換成只有 VIP 級的會員知道，其做法可能是要躲避黑白兩道的追緝。

　　古道社區就跟國外大部分暗網黑市一樣，提供暗殺服務、買賣毒品、買賣槍枝、偽造證件、駭客服務、偽鈔交易等一般的黑市服務。然而，據一些資深會員所透露的訊息顯示，裡面也有活體器官買賣，或一些性奴隸交易等，不僅違反法律，也違反人性的更黑暗服務。裡面一樣是以比特幣交易，也有提供 VIP 等級的服務。不過就因為跟國外大部分黑市一樣，所以也充斥許多假資

料或詐騙。

　　在谷歌上可以找到許多國外黑市的暗網網址，同樣的，古道社區也可以在谷歌上到網址，只是無法再進去，其原有網址為「pqyla7rovamenxno.onion」，從結尾可以看出這是以暗網為主的黑市網站。從大陸以外的國家進去，只要用洋蔥瀏覽器即可，但要從大陸內地進去，則需要用 VPN，也就是俗稱的翻牆進去。一般相信，這是大陸人所建立的網站，但諷刺的是，進去也要再翻牆出去，再重新進入。

　　當然古道社區是承襲國外知名的絲綢之路 2.0 的架構所建立，但可以從裡面見到許多更可怕的事實。這邊僅是大概介紹一下這個消失的華人黑市，目前是否還存在，也是眾說紛紜，但一般人相信它還是存在，只是網址更為隱密。不過可以確定的是，類似古道社區的中文黑市暗網，將持續如雨後春筍般的出現。▌

暗網駭客的地獄論壇
HELL

▌暗網的神祕並不在於它隱藏身分的網路技術，而是在於某些團體、邪教、毒販，甚至非法分子將這裡視為活動的區域。有別於表網，如在表網上進行邪教招生或販賣毒品，很可能就會馬上被各國警方或國際刑警逮捕，輕則罰款，重則有牢獄之災。不過在暗網中，除非是太過招搖曝露自己的身分，否則是有一定的隱密性。

1990 年代，美國海軍為了要讓軍警人員能夠順利地傳遞資訊，而不需要知道對方的身分，因此研發了 Tor 瀏覽器。到了 2004 年，美國海軍為了削減經費，停止 Tor 技術的研發，並將其技術發佈在公眾網域，讓民眾任意下載使用。

目前在暗網中，除了實體的違禁品，如毒品、武器等，也有以駭客為主，專門交換竊取來的資料論壇，其中比較有名的是地獄論壇。這個論壇是由知名黑市 The Real Deal 的集團經營，目的是要竊取一些公司重要資料，或是接受委託，破壞特定公司的伺服器或資料庫。

事實上，在絲路經營者被逮捕後，許多暗網的經營團體都想要替代絲路，成為暗網交易的霸主，所以經營 The Real Deal 與地獄論壇的集團的最終目的，也是想要統治整個暗網交易界。當然

要成為霸主的風險非常大，因為暗網看起來像是網路的另一個世界，但其實有些人認為，美國軍方仍在背後監控。

這些人認為，雖然看似美國海軍放棄此一技術，但有很多國外人士認為，其實美國軍方並未放棄此一計畫，仍持續進行中，換句話說，很多暗網的伺服器，有可能是美國軍方故意架設，藉此來追蹤上暗網的人，或是從事非法活動的組織。

有另一個說法，就是因為 FBI 近期嚴厲打擊暗網黑市，因此有許多知名的黑市都被盯上的情況下，The Real Deal 的集團也開始轉戰另一個跑道。目前鎖定在資訊產業，這是因為維基解密在暗網進行非常成功，因此這些集團開始想要轉戰另一個跑道，賺取驚人的費用，地獄論壇也就應運而生，其經營者就曾在論壇中，公開徵求駭客加入，並用比特幣來支付薪資。

另一個與地獄論壇類似的暗網組織「兔子面具」（Mark Rabbit），目前在招募大軍，主要是針對人口販子、駭客、傭兵等工作。與地獄論壇有些區別的是，地獄論壇是吸收駭客為己用，但兔子面具則類似暗網人力仲介公司，由於暗網埋藏許多犯罪專家，但這些人也需要有個仲介，替他們接洽生意，例如過去介紹過的殺手僱用網站等，這些網站會替一些以暗殺為職業的人介紹一些生意。兔子面具則更比這些網站多了幾項仲介服務。

比較特別的是，過去曾有幾個知名的駭客論壇出現，例如 Dark0de。這個論壇也是接受客戶委託，進行企業伺服器的破解，

並且宣稱手上有七萬筆信用卡資料、近三百個銀行帳戶資料，可隨時銷售供客戶使用。Dark0de與絲路一樣，樹大招風，且創辦者丹尼爾普雷斯克又是在美國境內架設網站，因此FBI很快地將他逮捕，並封鎖網站。在這些駭客網站陸續被封鎖後，這些暗網駭客頓時失去依靠，所以當地獄論壇出現後，這些駭客又似乎又有了依歸，也再度開啟了暗網駭客市場的大門。▋

▲ 恐怖的暗網地獄論壇

暗網的人口買賣

▋除了地獄論壇外,過去有幾個論壇的確有取代絲路的跡象,如 Scream Bitch 或 Violent Desires 等。Scream Bitch 已經不讓人免費註冊了,需要用比特幣來支付入會費,而 Violent Desires 的入會方法更為驚悚,需要註冊的人,則是要上傳一個自行拍攝的虐殺或虐待影片,作為入會資格,也因此在 Violent Desires 的影片大多是一些有一定真實性的虐殺或虐待的影片。

雖然這些影片曾經隱藏於這些暗網的知名論壇,但現在拜一些國外人士所賜,可以在表網見到這些影片。不過在表網中,仍有一些暗黑的交易卻從未浮出檯面。特別在暗網的黑市中,有各式各樣的交易,當然這些交易九成九以上都是違禁品,幾乎見不到合法的商品。在這些黑市中,最可怕的就是以人為主的交易,這其中又包括人口販子、奴隸,甚至是最驚悚的人肉買賣。

目前在暗網中,有一個名為藍月的組織,在暗網中標榜他們是國際人口販子,並宣稱人口來自 32 個國家,而這些國家大部分都是落後地區或第三世界國家,因在這些國家中,「人」很容易取得,因此貨品來源不乏。藍月組織在 18 個國家進行販售,並以比特幣為交易單位。儘管有些人認為藍月組織是假的人口販子,因為真的人口販子不會這麼囂張,但還是有些人認為這是事實,因為歐美許多地下藥廠需要以活人為主的實驗體,進行一些藥品的

活體實驗，且市場供不應求，當這些地下藥廠要找來源時，必定是走多方管道，而暗網就是其中之一。

　　藍月組織所提供的人，幾乎都是沒有身分的落後國家人民，這對一些第三世界國家來說，幫了這些政府大忙，因為這些政府無法處理人口的問題，讓人民長期處於飢荒狀態，因此類似藍月這種組織，只要賄賂第三世界國家的政府官員，要取得商品來源，並不是一件難事。甚至中東地區戰事頻傳，出現非常多的難民，少了幾百，甚至幾千人，都不會讓任何人引起懷疑。

　　對於活人交易，表網介紹已經很多，但有些卻是以非活著的人為主的交易，如人肉交易，甚至是人肉烹飪教學。有國外網友就在暗網的論壇，找到烹煮人肉的食譜，這份食譜跟一般食譜差不多，只是裡面是以圖文介紹如何烹煮人肉，甚至有切肉教學，並且也指出男性或女性最好吃的幾個部分，食譜中甚至也介紹生吃人肉或吃煮熟人肉的分別。

　　這份食譜與一些人肉烹煮的食譜不同處，在於連圖片都貼上去，這使人不得不懷疑，寫這份食譜的人是否真的殺過人，或是吃過人肉，因為早在數年前，網路就出現食人論壇（Cannibalism Forum）。2003 年時，一名柏林的工程師伯恩德伯納德斯（Bernd Brandes），就曾在食人咖啡館（Cannibal Café）的論壇遇到另一名工程師阿敏梅維斯（Armin Meiwes），並自願成為他的食物，在最後阿敏梅維斯將伯恩德伯納德斯殺害，並將他切割成數塊後吃掉。由於此事太過殘忍，因此當時歐洲各國禁止食人網站的出

現。漸漸地，食人論壇與當時著名的幾份人肉食譜，也跟著走入暗網中。

　　除了暗網外，在表網中，也有販售人皮配件為主的網站，依網站內容來看，是專門出售人皮皮帶、人皮皮夾、人皮皮鞋等配件，價格不斐，如一只皮夾就要價一萬四千美元、一條皮帶要價一萬五千七百五十美元，一對皮鞋要價更高達兩萬七千美元。比較詭異的是，如要交易，買家需要先寫 Email 過去，他們會再聯絡買家，並告交易方式。

　　網站也告知，假如沒有現成的人皮，則需要時間來找尋貨源，一旦找到貨源，會立即通知，當然如有現成的人皮，他們會要求買家立刻付清全額款項，並以最快的速度完成商品，寄給買家。此外，網站也強調，他們自賣出第一個商品到現在，都沒有人抱怨過品質，更沒有人退貨，因此他們品質是有一定的保證。

　　在過去，表網充斥著許多有關於買賣活人、人肉、人皮的論壇或網站，但在一些驚悚食人或謀殺案件頻傳下，各國執法單位也大力掃盪，讓這些論壇或網站轉戰暗網。然而，經過一段時間沉澱後，似乎這類型的網站又重回到表網，繼續進行有關於「人」的買賣。▌

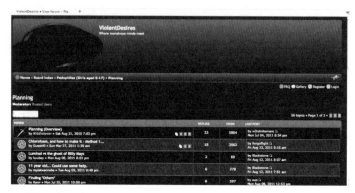

▲ 惡名昭彰的暗網 Violent Desires 論壇

暗網的處刑

在暗網部分論壇中，特別是馬里亞納深網之後的部分，由於大多已經成為私密性的網站，也就是要採用特別的申請過程，才可以成為會員；或者要滿足某些條件，才可以得到入會資格。這些網站通常需要申請者提供真實姓名、地址、電話等個人資料。雖然裡面是有表網完全看不到的資料，但其危險性也高，除了部分網站是釣魚網站，也就是騙取資料外，更有部分暗網組織會取人性命。

有一位外國人伯特，他在學校的活動上認識了一位朋友德瑞克，他是一個電腦高手，平常沒事就會駭進到其他人電腦，竊取一些照片或資料。例如有一次在學校上電腦課時，因為感到無聊，所以就利用教室內的電腦與網路，駭進校長的電腦裡，植入一些語法執行檔，讓校長一開電腦，就會進到色情網站；當這名校長在開會時，打開他的電腦後，直接顯示在會議大螢幕的是色情網站畫面，讓他感到非常尷尬。

有一次德瑞克邀請一些朋友到他家玩，伯特是其中一位。因為這些朋友對於德瑞克的駭客能力頗為驚訝，因此他們此次聚集到他家中，目的之一是為了要請德瑞克教他們電腦。由於伯特本身會一些簡單的上暗網知識，包括 Python 語法、洋蔥瀏覽器的使用方法，但卻不會駭進其他人的電腦，於是他問德瑞克是怎麼辦

到將語法植入其他人的電腦。德瑞克回他，因為他是職業級駭客才辦得到。

　　伯特希望德瑞克能夠教他一些駭客知識，然而德瑞克卻先要他進入暗網，並找到一些很深層的論壇，如馬里亞納深網裡面的一些資料庫或論壇，但伯特感到特別害怕，因為他深知馬里亞納深網進去後，一個不小心，就會被反追蹤，不是被美國聯邦調查局追到，就是被一些毒梟或黑幫給抓到。不過德瑞克則跟他說，因為他的所有知識都是從馬里亞納深網學到，如果不進到深網，德瑞克則無法跟他說確實的學習資料位置。當伯特還在猶豫時，德瑞克向他保證絕對沒有問題，因德瑞克進出太多次深網，已屬大師的級別了。

　　當伯特還在猶豫時，德瑞克已打開電腦，他很快地進到了暗網。由於伯特自己也是暗網玩家之一，他深知暗網的危險性，所以當他聽到德瑞克很有自信地回答他時，就知道情況不是很妙。德瑞克此時打開一個文件檔，裡面填寫著一堆以 onion 為結尾的網址，還有使用者名稱及密碼，接著他複製其中一個網址，貼到洋蔥瀏覽器上，進去後，再輸入使用者名稱及密碼。伯特看到這邊時，突然說有事要回家，無法再看下去了。德瑞克則將網址、使用者名稱、密碼交給伯特，要他回家後用他自己的電腦看。

　　當伯特回到家，處理完一些事後，突然想起德瑞克交給他的資訊，於是就用這些資訊進到馬里亞納深網的駭客論壇。雖然伯特知道其危險性，但他同時在好奇心趨使下，一股腦兒地進到了

這個黑暗的禁地。

　　就在他一輸完帳號及密碼進去時，他的電腦螢幕突然全部變黑，過幾秒後，又自動恢復正常，此時他發現他的桌面多了一封加密的文件檔，檔名寫著「這是給德瑞克的訊息」。當然以伯特的功力，是無法打開此信，因此他打電話給德瑞克，而德瑞克也很快地到了他的家。

　　當德瑞克解密訊息後，發現寫的是「你居然敢透露我們的訊息，我一定會讓你死」，署名的是深網之主。伯特此時害怕了起來，但德瑞克認為，這個訊息只是論壇某個人開的玩笑，並不放在心上，也同時嘲笑著伯特的膽小。

　　過了幾天，德瑞克的媽媽打給伯特，問德瑞克的下落，但伯特自跟德瑞克共同解謎完，離開他家後，就再也沒有聯絡他了，德瑞克媽媽只好報警。此事過了數週後，有一天，伯特似乎著魔似地，居然用德瑞克給的資訊，再度進到了駭客論壇。當他一進去時，畫面出現一張照片，是德瑞克慘死的照片。照片裡的德瑞克，似乎被慘忍地凌虐過，全身傷痕躺在一張床上，他的雙眼迸出，胸部被利刃割開。

　　這時他嚇到馬上直接拔電腦插頭，心情一直無法平復，整個人呆坐在椅子上至少有一小時之久。過了幾天，他輾轉得知，有人發現德瑞克陳屍在郊區的一棟空房裡，死狀非常恐怖，據說是被某種儀式給處刑。在經過此事後，伯特別說不敢上暗網，甚至

連網路都不敢上，深怕下個被處刑的是他自己。

除了特別的組織外，還有一些宗教或祕密組織，在暗網上招募教徒或成員，包括眾人皆知的伊斯蘭國或光明會等，由於加入這些宗教或組織，需要被很嚴格地確認身分，因此許多人因好奇心或被慫恿加入後，發現有問題時，往往都已無法抽身。

有一位化名詹森的外國人，就曾在網上描述他進到暗網神祕宗教組織的經過。他的一名好友卡特曾向他提起暗網，雖然他對暗網很有興趣，但他聽過太多相關的恐怖故事，因此他一向對暗網敬而遠之。有一次他用手機跟卡特在對話時，卡特跟他再度提起暗網，他雖然意願不是太高，但被卡特一而再、再而三地洗腦，他終於動心了，於是就答應卡特，嘗試進到暗網。

詹森在安裝與打開洋蔥瀏覽器後，卡特給了他一個網址，告訴他裡面有非常驚人的影片。他輸入網址後，等了數秒，瀏覽器顯示出一個畫面，上面寫著巴伐利亞人光明會（Bavarian Illuminati）。他大概知道光明會這是一個影響力很大的宗教，但不知道這個巴伐利亞人光明會是否有其關聯，於是他問卡特有關這個網站的事。

卡特對他說這個網站是光明會分支，裡面有一些教友會進行一些信仰的分享，這些分享感覺很有趣，可以進去看看。詹森點了一下進入的標記後，網站要求他提供帳號與密碼。他對卡特說他無法進入，因為沒有這些帳號與密碼，卡特回答他申請就好。

他進到申請帳號與密碼網頁時，發現要他填一些個人資料，由於他很瞭解這類網站的危險性，於是他隨手填了一個假的資料。

　　填完後，網站要他再度確認填入的資料是否是真的，他點選是的，於是電腦螢幕進到一片黑色畫面。過了數分鐘，螢幕始終維持在黑色部分，沒有動作，正當他要重開電腦時，畫面突然轉進到一個類似論壇的畫面，上面有幾個主題可以選擇，包括教派宗旨、教徒名單、教義解說，或是教徒經驗分享等。由於詹森一直感覺暗網是個不安全的地方，於是問了卡特該如何瀏覽，才不會有問題。

　　卡特告知他，所有連結都可以點進去看，但唯獨教徒名單不可對外人透露，否則會後不堪設想的後果。他答應卡特，僅自己觀看，不會對其他人說有這網站。當詹森看到教徒經驗分享時，發現裡面有幾部影片和文件，他再點進去看這些影片，似乎都是在進行某種儀式，文件則是教導如何進行這些儀式。

　　他點開第一部片看，見到一群人圍著一個祭壇，將一頭羊放在祭壇上，其中一人穿著紅色長袍，看起來像祭師的角色，拿起一本書，嘴裡喃喃有詞地唸了很長一段後，只見他一闔上書，所有人開始瘋狂似地撕著這頭羊，並將撕下的肉往嘴裡放。這頭羊很快地就死了，所有人將羊撕得支離破碎，慘不忍睹。他覺得非常殘忍，但又像吸了毒一樣，想繼續看下去時，他的網路無緣無故斷掉了。

隔了幾天，詹森再重新用卡特名字進入時，繼續從最後一次看過的影片開始。當他看完前幾部影片後，網路又斷了。他對網路再度斷掉感到奇怪時，網路突然恢復正常，他也沒有多想，就繼續往下看。當他看到最新的一部影片時，上面的標題寫著「洩密者的血祭」，這讓他覺得非常好奇，因為他曾聽過光明會除了會用動物來進行血祭儀式外，據說也會用人來血祭，而且是他們所指定的對象。

　　在他點進去連結後，影片一開始顯示一連串的德文，接著就看見一個人身穿紅色長袍，應該就是祭師，手上拿著一把刀與一本書，身邊圍了數十人，乍看之下，與之前用動物來進行血祭的場面相同。紅袍人首先拿起一本書，嘴裡喃喃有詞地唸著，接著鏡頭一轉，照到他前方有個祭壇，上面躺著一男一女，被繩子緊緊綁住。鏡頭轉到這兩人的臉後，詹森仔細看了一眼，發覺這兩人很眼熟，但一時想不起來，於是他繼續看下去。

　　當祭師唸完咒語後，走到兩人身邊，舉起手中的刀，往兩人的胸部刺了下去，接著對著眾人大喊著聽不懂的語言，只見眾人衝上前去，把這一男一女的身體撕下一塊塊的肉，拚命往嘴裡送。詹森看到這裡時，他把剛吃過的東西吐了一地，因他覺得整個畫面非常噁心，已經不是平常人所能接受的範圍了，他直接拔掉電腦的插座。

　　數日後，詹森打了個電話給卡特，跟他提起進到暗網的事。卡特冷冷地回應他，最近他無法再進巴伐利亞人光明會網站，因

為組織將他的帳號給封鎖了，同時他也沒有心情與詹森聊天。詹森問起原因，他解釋由於他父母在失蹤多日後，屍體剛被找到，據警方的回應，他父母所帶的錢包或其他財物並未被偷竊，再加上他父母生活單純，沒有和複雜分子往來，研判並不是被人謀財害命，應該是在山區裡面散步時，熊或其他野獸給咬死，並吃掉大部分的肉，只剩下一些骨頭。

　　詹森聽到這裡，全身突然發冷地顫抖了起來，他想起為何那一男一女很眼熟了，因為他們是卡特的父母。他不敢將實情告訴卡特，且他也很擔心，一旦告訴卡特實情後，有可能下一個目標就換成他的家人了。 ▌

▲神祕的暗網巴伐利亞人光明會網站

禁曲歸來 被神詛咒的第十三雙眼
13 PAIRS OF EYES

▌世界三大禁曲之一的第十三雙眼,與其他兩首禁曲不同的地方,在於它是出自於非洲喀麥隆的一個部落,由於當地部落將此曲列為禁止對外演奏的聖曲,意即有外人在時,絕不會演奏的曲子,因此除了當地部落族人外,是不可能有人聽過。不過在一次部落祭典中,一位歐洲的音樂家偶然間聽到這首曲子,回到歐洲後,寫下曲譜,並命名為第十三雙眼,從此這首聖曲就開始被神詛咒。

當這位音樂家將這首曲子抄走之後,這個喀麥隆的部落遭到不明原因的滅族之禍,族人幾乎全部死光。當此消息傳到歐洲後,多個歐洲國家禁止此曲在公開場合演奏,或是詠唱改編過的歌詞。據說喀麥隆的族人在詠唱原曲時,這曲子像黑魔法的召喚術一樣,可以召喚惡靈出現。所以族人要舉辦祭典,讓此惡靈能夠安靜離開,但為何要召喚出來,相傳是因為這惡靈會幫他們趕走外來入侵者,但以惡制惡的結果,就是最後這一族人被惡靈吞噬。

歐洲多個國家在聽到此一消息後,銷毀所有手寫稿,不讓此曲流傳下來,但總是有一些人會專門蒐集禁曲,只是被這些人蒐集起來的只是片段了。此曲最有名的是在 1991 年,有位音樂家在一家古董店找到此曲的譜子,雖然古董商跟他說這曲子會召喚

惡靈，是神所詛咒的曲子，但他就是不信。這位音樂家買回譜子後，重新寫譜，雖然跟原曲差異頗多，但旋律始終有神祕的力量存在，因此在他首次試彈時，突然放火把家裡燒了，他也從窗口跳了下去。當然他重寫的那些譜，也跟著燒成灰燼了。

目前坊間所流傳的第十三雙眼曲子，皆不是原曲，只是後人杜撰，原因是部分影音網站所流傳的音樂中還有電吉他，這不應該出現在超過半世紀前的非洲部落音樂中。

不過在西方國家的一本間諜小說裡，敘述這首曲子原譜，實際上是由西方國家的情報單位保管著，因為他們利用此曲進行人體實驗，類似次聲的原理，利用音樂來進行殺人。而取這個名字的原因，在於一開始命名為羅馬文字的 XIII，這代表十三，十三在西方國家為不祥及惡靈的數字，也代表此實驗有惡靈看管著。

有時候，有些東西並不屬於人間所有，當要強行要求這些東西流傳於人間時，就會造成大災難，知名的巴別塔（Babel）就是一例，第十三雙眼也是一樣。另有一個傳說是某個末日教派團體擁有這首曲譜，當世界末日來臨時，第十三雙眼會跟著教徒一起走向死亡。▮

禁曲歸來　末日教派的懺魂曲

Deliver me

▌都市傳說中的前幾大禁曲中，就屬懺魂曲最難以找到來源，網路上僅傳有幾個真假莫辨的資料，但我在多次找尋國外資料中，終於瞭解原來懺魂曲一直就在許多人的身邊，也就是號稱史上印量最多的聖經。要找尋〈Deliver me〉這首音樂，是一件不可能的事，因為它不是音樂，而是幾段話，後有些末日教派引用這幾段話，來達成控制教徒自殺或集體自殺的目的。

　　雖然有些曲子名為〈Deliver me〉，如莎拉布萊曼唱過的歌，但其實都不是原曲，因為原曲並不存在，是在末日教派朗誦聖經時所讀的段落。這句話在聖經的詩篇裡，出現的頻率最多，例如詩篇34：4：「我曾尋求耶和華，他就應允我，救我脫離了一切的恐懼。」大部分的句子，都是在闡述求神讓人解脫的意思，因此許多末日教派就會引用這些句子，讓教徒全體自殺。

　　聖經被西方宗教視為神派使者對人說的話，平時有教化人的作用，但到了一些極端分子手中，則成為控制人的恐怖工具，特別是針對意志力薄弱或意志消沉的人非常有用。許多宗教也就因為一本聖經各自表述的情況下應運而生，如東正教等。當然也包括許多的末日教派，例如大衛教派等，利用聖經的預言讓教徒死心地聽命於教主，進而成為恐怖的末日教派。

事實上，有些人在知道懺魂曲並不存在這世上時，試著要讓懺魂曲配上音樂，朗誦出來，其效果就等於召喚死神一般，憂鬱的感覺更加強烈。曾經有末日教派將此段落用小調來演奏出來，由於小調本身就比較哀怨，一般大調的曲子如轉為小調，就會出現讓人低沉的效果。因此當一段讓人解脫的詩句，再加上令人感到悲哀的音樂，這就會產生讓人自殺的念頭。當然這只對意志消沉的人有用，對於意志力堅強的人是起不了作用。

　　相較於反映悲慘時代的黑色星期日，讓當時活在二次世界大戰後困苦的人們，聽了想自殺，以及非洲神祕宗教所流出的聖曲第十三雙眼外，懺魂曲則是被一些極端教派用以控制人們的工具。不過由於歌詞的段落出自於聖經，因此無法被禁止傳播，但其音樂就被許多國家給禁播，甚至部分國家以打擊末日教派的名義，禁止此類樂曲播放。久而久之，懺魂曲就成了世界知名禁曲之一了。▊

Chapter 2 （Declassify 🔓）

網路傳說

在許多西方國家的都市傳說中，不論是真實事件或創作故事，都令人感到非常地著迷。特別是一些在華人社會尚未見過的傳說，這些傳說的背後都有著許多吸引人的內容，因此在西方國家，這些故事就算流傳了一世紀，到今天還是被熱烈地討論著。

　　在這些網路傳說中，以外星人、都市傳說、謎一般的魔物、以及西方詛咒等較令人感到驚奇與不可思議。例如被拍成電影的 Slender Man，這個都市傳說非常有名，但在許多媒體的調查下，發現這故事只是來自一張經過處理的照片，接著就有許多人繪聲繪影地描述見到 Slender Man 的真實經歷，然而在真相曝光後這些所謂的真實經歷，自然也成為眾人茶餘飯後的笑話了。

　　而關於魔物，許多西方國家人士一般認定是從地獄而來，也有部分人士認為是外星人，但不論是從何而來，基本上都會帶來一些不幸事件，例如凡米特訪客或天蛾人等，依當時的傳說，只要見到這些謎般的生物出現，就會伴隨一些大型的天災，也可說是災難預言者。不過，這些生物卻沒有人知道是從何而來，最後又消失到哪裡去。

　　在西方國家的都市傳說中，詛咒人偶一直是很多人關注的話題，有些已陳列於博物館中，有些則被珍藏在私人家中。假如有看過安娜貝爾（Annabelle）的電影，就瞭解大部分的詛咒人偶是被下了一些黑魔法，進而出現一些可怕的後果。

美、蘇外星人密封檔案

▋美國羅斯威爾外星人的故事，大部分人都瞭解來龍去脈，甚至網路文章、相關報導都寫過無數次，連後來許多電影裡的外星人，都是依照羅斯威爾外星人的形態所扮成。在美蘇冷戰時期，兩國就一直在較勁科技，羅斯威爾發生在 1947 年，而二十年後，蘇聯也「不小心」對外透露了捕捉到外星人的事件。

雖然有人質疑羅斯威爾外星人的真偽，但美國軍方刻意隱瞞下，似乎又是真有這麼一回事。事實上，也有許多人質疑，這是美國「無意間」透露的祕密，也就是說整件羅斯威爾事件都是假的，但美國故意洩露此假消息，讓全世界得知，再擴大否認有此事，推說是演習。不過依照美國人習慣，這種反間技倆常常可以看見。

接著蘇聯得知此事，但又沒有外星人到訪蘇聯，於是蘇聯就透過特工單位克格勃（Komitet Gosudarstvennoy Bezopasnosti；KGB），有意無意的對外透露，他們找到外星人了。不過這兩起事件雖相隔二十年，但在冷戰時期，雙方假消息傳來傳去，目的就是為了要探聽對方的武裝情報，包括這起外星人事件。不過後來有許多研究人員刻意找出這方面的檔案資料，提高此外星人事件的真實性，因此後來質疑此事件與支持此事件的兩派人士，到現在為止，仍在不斷地爭辯當中。

當時美蘇冷戰進入最高峰時期，蘇聯士兵宣稱找到外星人屍體與不明飛行物殘骸，並由 KGB 封鎖此一消息。一直到了 1998 年，美國 TNT 電視台突然播報這則震動全球的新聞，並對外說明，這是花了一萬美元購得獨家播報的權利。這則新聞播出許多令人感到匪夷所思的畫面，從軍方找到殘骸開始，到外星人的解剖，整個錄影都鉅細靡遺，而整件故事的劇本演出，都和羅斯威爾相仿。

　　Prohlandny 市的居民在附近的森林裡，找到一個墜毀的不明飛行物。軍方收到通知後，立即派人救援，但到達現場時，發現裡面的外星人已死亡多時。接著就封鎖此區域，並將外星人帶回基地，進行解剖。在解剖時的影片，只見到幾位研究人員，將外星人的頭和手展示出來，並進行一些簡單的手術及解說。

　　當時此節目由前 007 主角羅傑摩爾（Roger Moore）主持，並請了中央情報局（Central Intelligence Agency；CIA）的探員一起驗證此影片的真實性。有一派認為真實性很高，主要基於幾個原因。第一，軍隊當時所乘坐的卡車，只有在那段時期生產，在停產後，要找也找不到；第二，許多人認為那些所謂的研究人員，其實都是演員裝扮，因為穿著不專業，更沒有穿隔離服之類的衣物，然而這些擁護派的說詞認為，當時蘇聯的研究人員穿著就是這樣，並沒有太多的裝備。

　　最讓支持方振奮的關鍵點，在於當時 KGB 的攝影師，跳出來直接證實此事件的真實性，並找到許多當時 Prohlandny 市居民

的證詞。

當然，蘇聯外星人事件也有可能是真的，就像羅斯威爾一樣，信者恆信，就像是道西戰爭、美國 51 區一樣，儘管美國極力否認，又若有似無地透過第三方透露這些消息。唯一可信度最高的是，美國羅斯威爾事件與蘇聯外星人事件的劇本，有非常高的雷同度。

既然蘇聯 KGB 握有許多外星人祕密，美國 CIA 當然也不是省油的燈，在冷戰過後的數十年間，CIA 陸續公佈 X 檔案，這也是在美國政府否認有外星人存在大半世紀後，CIA 於 2011 年大量釋出 X 檔案後，再度釋出大量的外星人檔案，這代表美國政府承認有外星人存在，並且試圖去研究及接觸。不過，可惜的是，此次所揭露的 X 檔案中，又是以目擊不明飛行物的調查報告為主，而不是眾所矚目的道西戰爭或 51 區等高機密性報告。

美國政府於 1947 年後，有意無意地釋出羅斯威爾外星人事件，儘管影片與照片也跟著流出到民間，但許多人仍懷疑這些都是美國政府在演戲，目的是為了要刺探蘇聯的太空計畫。而 20 年後，蘇聯也釋出了茲米約夫卡省找到外星人的影片，比較不同的是，蘇聯特工組織 KGB 跳出來承認此事的真實性。而美國政府自始至終都只是透過協力廠商管道，釋出有外星人的訊息。因此，此次 CIA 主動發佈 X 檔案真相，代表美國政府正式承認確實有外星人存在。

從這次 CIA 的資料透露，在 1947 年 12 月以前，雖有許多美國人目擊到不明飛行物，甚至見到外星人，並拍下照片，但美國並未有官方組織研究不明飛行物。一直到了 1948 年初，美國空軍南森將軍（Nathan Twining）成立 SIGN 專案小組，美國政府才正式搜集外星人的資料。而 1948 年，卻也是美國政府出現羅斯威爾外星人事件的第二年。依此類推，羅斯威爾事件的真實性，又提高了不少。

由於 CIA 所搜集的資料，不僅僅只有民間的照片，甚至美國員警也在目擊到不明飛行物後，留下的珍貴官方報告，由於當時美國政府對相關消息的封鎖，因此這名員警的報告也一併被 CIA 給封鎖起來。據這位朗尼薩摩拉（Lonnie Zamora）警官的口述，他開到小鎮的一處高地時，突然見到一個銀色的飛行物在面前出現，其形狀並非傳說中的圓形，而是橄欖球形。當他靠近時，這物體很快地就飛走了。剛開始他感到非常錯愕，整個人呆住半晌，接著開始大叫，整個人被嚇到手腳發軟，跌坐在地上，久久無法起身。

他形容，這飛行物在起飛時，發出巨大的低頻聲，接著一端發出火焰後，直接就飛上天空，消失無蹤。當時因美國與蘇聯冷戰，他以為見到什麼新式的武器或原子彈。

當時目擊到橄欖球形狀不明飛行物的報告還真不少，剛果就有目擊者見到的不明飛行物，與朗尼警官所形容的情況，幾乎完全一樣。而在西班牙巴賽隆納也有目擊者，見到橄欖球狀的不明

飛行物，甚至表示，這飛行物從地面升起到高空的時間，僅在數秒之間。

　　雖然 CIA 釋出了不少舊檔案，顯示不明飛行物的確存在，且也是美國政府正式承認的官方報告，但絕大部分的民眾大概最想知道的還是到底是否有發生過道西戰爭、美國政府是否與外星人進行人類交易，以及 51 區的真相等事件。▌

蘇聯外星人墜落事件影片

CIA 官方網站的 X 檔案

持續冬季戰爭不為人知的事實
The Winter War

▌二次世界大戰後期，芬蘭因為第一次冬季戰爭失敗，被蘇聯佔領部分領土。芬蘭為了雪恥及收復領土，在 1941 年發動第二次戰爭，史稱持續冬季戰爭。

在這場戰爭中，出現了三國大戰的局面，分別為芬蘭與德國同時進攻蘇聯，而蘇聯在抵禦兩國的攻擊之際，並在德國陸續戰敗的情況下，全力反攻芬蘭。致使芬蘭在戰爭後期，逐漸敗退情況下，與蘇聯議和並割讓領土，換取停戰協定。

在這次的持續冬季戰爭中，除了有許多戰死的士兵與平民外，還有一些被蘇聯政府刻意隱瞞的真相，其中之一，就是蘇聯軍人將無辜的平民殺害，並分屍煮來吃的醜聞。

當時蘇聯軍隊與芬蘭打持久戰，而德國則是從下方攻擊蘇聯，但由於氣候實在太冷，因此德國軍隊久攻不下，接著在被盟軍從諾曼第登陸開始反擊後，德軍開始瓦解。當德軍敗退後，芬蘭也獨木難撐，再加上因投靠德國，盟國開始對付芬蘭，讓芬蘭政府腹背受敵，基於此原因，蘇聯軍人對於芬蘭軍人與平民，開始進行殺戮及殘忍地對待，造成數萬名芬蘭人的死亡。

除了戰役本身外，其中比較受到後人關注的是，由於東歐

部分國家的人民有嗜吃人肉的習慣，在此次戰爭中的部分蘇聯軍人，也因為夾雜了許多食人分子，因此他們在抓到芬蘭士兵或一般人民作為俘虜時，會將他們給分解吃掉。在當時吃人肉是一個不名譽的野蠻行為，雖然蘇聯軍方一直隱瞞當時部分軍人吃人肉的行為，但是仍有一張從蘇聯軍方內部傳出的照片，證明在冬季持續戰爭中，的確有芬蘭人被殘酷地處決及被吃掉。

有三名蘇聯軍人見幾名芬蘭人在路邊刮鬍子，於是一時興起，從這些人的後方開槍擊殺他們，接著就開始進行他們的料理。首先，從他們的腳踝砍起、再砍掉膝蓋、切掉一整隻手臂，最後再將頭給砍下來，並將他們的內臟取出煮來吃掉，最後再將他們的皮整個跟身體分離，掛在後面的樹枝上，並拍照留念。

事實上，在受到當時的戰爭影響，加上這些軍人本身就流有嗜食人肉的血液情況下，出現食人狀況自然也不會太訝異，畢竟這些軍人整天就跟死屍與死亡為伍。

此事後來曝光後，芬蘭政府指責蘇聯軍人的非人道行為，但後來調查發現，原本以為進行這殘忍行為的只有蘇聯軍人，沒想到裡面居然有芬蘭共產黨員，換句話說，芬蘭人也有分食這些人肉。更可怕的是，在後來的審判中，芬蘭共產黨員在法庭上表示，這些人肉非常的美味可口。

另外，美國為了要打擊蘇聯共產政權，後來更將此事渲染成為一個都市傳說，傳言蘇聯在共產制度下，出現恐怖的吸血鬼及

食人魔，專門將人殺害，並分食來吃。在數年前，此一都市傳說
更被改編拍為電影《Jeepers Creepers》。▌

▲ 持續冬季戰爭中，散佈滿地的死亡士兵屍體

殘酷的綠野仙蹤錫鐵人
Tin Woodman

▌近期 Reddit 討論《綠野仙蹤》初版故事的真相，經過網路上的調查發現，其真相就跟《你所不知的格林童話》，或《殘酷的格林童話》一樣，裡面有一些殘酷又可怕的都市傳說。這個故事是由法蘭克巴姆所寫，書裡的其中一個主角錫鐵人，英文是叫 Tin Woodman，但他是有名字的，叫尼克恰普爾（Nick Chopper），而 Chopper 的翻譯等是砍樹者或砍人者。

　　這錫鐵人原本是個人類，且他是個很專業的伐木工，他愛上了一個女巫族的女子，這名女子是東方女巫的女兒，她非常反對女兒愛上一個沒名的伐木工，因此當他們要舉辦婚禮前夕，東方女巫進而下了一個可怕的詛咒，當尼克每砍一棵樹時，他的身體就會跟著被切下一塊肉。由於他只會伐木這項工作，如停止工作，他就會沒收入，因此他只有一直砍樹，當然他身上的肉也跟著不斷地被切掉。

　　在鎮上有一個鐵匠，見到他這樣情況，只好用鐵塊將他身體缺少的部分一塊塊補上，直到最後，他全身都是鐵塊。不過鐵匠好心幫他之餘，卻未將他的心臟也補上鐵塊，因為鐵匠不知道如何用鐵塊來鑄成一顆心臟。尼克看到自己沒有心臟，想想也就算了，因為成為錫鐵人的他已不知如何去愛一個人，更不知如何與未婚妻相處，所以就獨自離開他的家，也離開了他最愛的未婚

妻,獨自一個人到森林裡居住。

　　通常《綠野仙蹤》的結局是,奧茲的巫師賜給他一顆人類的心臟,然而在就在《綠野仙蹤》的故事發生之前,也就是他還未得到人類的心臟前,他遇到了他那無緣的未婚妻。這時出現兩個版本的結局,一個版本就是他未婚妻將他被切下來的肉塊組合起來,用黑魔法將這肉塊附予靈魂,變成一個人,此人有著尼克的外表,而靈魂卻是另一人。

　　第二個版本就是,由於他的未婚妻非常漂亮,在跟他分開後很多人追求,最後嫁給一個貴族。錫鐵人因為沒有心,也沒有愛,取代的是只有冰冷冷的身體與恨,於是看到未婚妻愛上另一個人後,他就拿起利斧砍死他的未婚妻,取出心臟。然而,因為出版社後來要將此故事走童話路線,因此將錫鐵人遇到未婚妻的那段故事刪掉,致使整篇故事從血腥變溫馨了。▌

都市傳說的 Slender Man 起源

有關於 Slender Man 的都市傳說，網路上的資料多到不勝枚舉，甚至電影 The Tall Man 就是以這個故事為範本改編，然而除了網路上的幾張照片外，可能很難佐證有 Slender Man 的存在。首先要從一張 80 年代的假照片說起，照片的背景是在講有一家人在遊樂園中，替一名小孩拍了一張照片，照片後面有一群人，這群人的後面有一個非常高的人，這個人就是 Slender Man 傳說的起源，當然這張照片最後被判定是修改過的。

接著在「有些恐怖論壇」（Something Awful Forums）的一位作者，就當前的形勢寫出一篇 Slender Man 的故事。這故事本來僅為都市傳說，後來有人繪聲繪影地把影片放上網路，最後就有這件事，不過影片也做得太真實，以致所有人認為這都市傳說的真實性很高。

會傳出 Slender Man 的故事，是基於創作者看到了馬凡氏症候群（Marfan's Syndrome）的病患，再加上當時歐美各地不時傳出小孩失蹤事件，最後就演變成 Slender Man 的故事。從假照片來看，一群小孩去遊樂園玩，顯露不爽的表情，攝影師要大部分小孩擺個姿勢拍照，他們就不高興，喜歡擺一副臭臉，後面再加工一個高大人影，就形成 Slender Man 要抓小孩的基礎。

接著創作者見到一些高大的馬凡氏症候群病患，就直接將他們幻化成 Slender Man 的身影，最後就出現了這樣的都市傳說。這跟日本的牛頭都市傳說很像，因這件事本身是從真實事件背景改編，最後在口耳相傳下，成為知名的都市傳說。說到牛頭，以前很迷這個故事，但一直找不到詳細資料，最後就看到不知哪位作者隨便編了一個故事出來。雖然故事本身是假的，但牛頭背後的食人肉背景則是反映當時的一個社會情況。

患有馬凡氏症候群的病患，具有細長的手指與身材，很像電影外星人的 ET。國外許多籃球球員甚至明星都曾被診斷出這種疾病，因此需被迫退休，有些還在大學打籃球校隊的球員，還沒進職業籃球隊，就無法再打下去。這是因為得到這種疾病的人，身體都會很脆弱，特別是心臟與血管，進行激烈運動時，會引發心血管疾病，因此無法再進行任何運動。不過較特別的是，有些音樂演奏家得了這種疾病，反而手指變長，更好進行演奏，且又是靜態，所以職業生涯可一直延續。

這也說明，為何 Slender Man 身材高大，但四肢細長，動作緩慢的原因，因為他的行進及動作方式，與馬凡氏症候群的病患是一模一樣。所以許多國外文獻，就直指 Slender Man 就是一些人口耳相傳，將這些病患套用在這個傳說裡。∎

佛諾瑞斯檔案　夜行者

▍美國加州的佛瑞斯諾，近期在一家商店的監視器，拍到一個不可思議的生物在走路的畫面，他們稱為夜行者。這個夜行者只有兩隻腳，遠處看過去，就像是兩隻穿了褲子的腳在走路，但卻未見到上半身。有專家目測表示，這個夜行者的身高約 4 英呎，走路跟人類一樣，但身上穿的不知是白袍，還是兩條褲管。事實上，這不僅在佛瑞斯諾拍到，甚至在優勝美地也拍到過，成為不折不扣的都市傳說。

　　美國知名的科幻頻道曾對此影片做調查，因為他們認為這可能是假的影片，是有人製作出來，然後譁眾取寵。不過在他們進行多項分析後，居然找不出破綻，這代表這影片沒有人變造過，是真實拍到的影片，且一次還出現兩部。令人感到非常詭異，特別是優勝美地拍到的影片，還有兩個這種生物，顯見應該是有一個族群。

　　美國有一位民眾在 YouTube 上看到這個影片後，說他曾在約 50 年前，在同樣的地點見到夜行者。他當時去當地的農場找他的親戚，一時無聊跟他親戚的褓姆一起坐在房外的院子上，看著稻田的稻子被風吹來吹去。突然一瞬間，稻子突然停了下來，風也停了下來，他嚇了一跳，覺得怎麼風一下就停了下來，但過沒多久，風又再吹了起來。

這民眾好奇地問褓姆有沒有見到剛才的景象，褓姆反問他什麼景象，他把剛才發生的事一五一十的說給褓姆聽。只見褓姆聽完後，臉色慘白，立刻帶他進到房子裡，鎖上所有門窗。他問褓姆發生什麼事，褓姆情緒緩和一點後，才跟他說這故事，在十幾年前，褓姆家是種植豆類，有一天她在採收豆類，她女兒在一旁草地上玩耍時，突然地，風停了下來，地上的草本來也是被吹得一直搖著，結果也是在一瞬間停了下來。

接著她面前出現了一個畢生難忘的景象，有一個生物只有兩隻腳，外面穿著長袍，走過她跟她女兒的面前。她以為眼花了，再揉揉眼一看，這生物不只一個，有至少十個。她跟她女兒嚇到腿都軟了，站都站不起來，連想逃跑的力氣都沒有。過一陣子，這一群夜行者（事件發生在白天，但這邊仍稱為夜行者）走了之後，她跟她女兒花了一段時間，才恢復神智。

這位民眾說，他褓姆當時不知是真的發生了這件事，還是在作夢，不過這褓姆的形容，跟他看到電視上的夜行者形狀，完全一樣。有些專家學者認為，這是外星人，因為加州佛瑞斯諾一帶的居民，經常見到不明飛行物。不過又有另一派學者認為，這是跟大腳怪、雪人等生物一樣，是住在地球的另一種新生命體。█

夜行者影片之一

夜行者影片之二

阿茲特克的死亡之哨
The Aztec Death Whistle

▌阿茲特克是美洲印地安人的一個族群，他們有高度的古文明，也有非常多無法解釋的祕密被探討，其中死亡之哨就是一個謎團。古時的阿茲特克是一個帝國，當然也是有很多敵人，因此他們除了使用武器抵禦敵人外，還會使用人類頭骨吹出死亡之哨。相傳這個頭骨經過阿茲特克法師的巫術作法，可以召喚上千個亡靈，由於口哨的聲音相當恐怖，因此敵人常常不戰而潰。

這個死亡之哨是從一個頭骨發出，只有阿茲特克人或訓練過的人知道如何吹出；不過除了戰爭以外，在祭典時，也會吹出死亡之哨，用以召喚所有死亡戰士的靈魂。在近 20 年，有人在墨西哥的阿茲特克神廟發現頭骨形狀的樂器，經過研究後，才重新找回這項傳統。過去是由人類頭骨製作而成，但現在則是用其他原料來製作。阿茲特克人對於頭骨的研究非常透徹，傳說中的水晶頭骨就是由阿茲特克人製作出來。

由於阿茲特克人對於死亡的世界有一番研究，認為透過許多途徑可以與亡者交流，死亡之哨就是其中之一。當巫師吹起死亡之哨後，亡靈就會跟著這哨音走，由於殺敵作戰而死的士兵亡靈，往往不知道回家的路，因此在戰爭之後，阿茲特克人就會建起一個祭壇，由巫師作法，吹起這死亡之哨，引領這些亡靈到死亡國度安息。

另外，在一些祭典中，巫師為了要讓徘徊人間的孤魂野鬼到該去的地方，也會吹起這死亡之哨，甚至會挖出活人的心臟，讓這人帶領著其他亡靈走向死亡國度。一位對南美文化頗有研究的安爾德博士，由於本身也是阿茲特克人後裔，就說到南美文化的音樂多半是以死亡與毀滅為主，這與他們篤信人死後一定會走向死亡國度有關。▌

阿茲特克的死亡之哨影片

澤西惡魔傳說
The Beast of Jersey

▌ 說到澤西惡魔，許多人會認為長得像拉克，背後有兩片翅膀，與傳說中的惡魔形態一樣，但事實上，有個被稱為澤西野獸的男子，因犯下許多與幼童有關的罪行，後來被澤西民眾繪聲繪影說是澤西惡魔的都市傳說。這名男子叫愛德華約翰路易思帕斯涅爾（Edward John Louis Paisnel），他平常會戴著一個塑膠的恐怖人皮面具，溜進城裡小孩的房間，進行一些恐怖虐待行為，因此當時澤西民眾非常怕他，特別是小孩，因為他自己認罪的部分，就有十三件之多，但還有更多案件，因為找不到證據，所以他也索性不認罪，但矛頭都指向是他所犯下的罪行。

愛德華的家人是開育幼院，所以他從小就和這些育幼院小孩一起長大，對小孩有一種病態性的喜愛，特別是男童。他最常犯案的手法，是戴著一個恐怖的面具，手上戴著一個尖刀腕套，穿著黑色大衣，在半夜闖進僅有婦女或小孩的人家裡，性侵小孩和婦女，並以暴力相向。

比較可怕的是，他本身是一個內向，不愛說話的人，但卻有另一種人格在他的體內，那就是強烈的戀童癖。猜測犯罪原因時，發現他的父親開設育幼院，他的太太也另開一間育幼院，加深他的戀童癖症狀。

警察起初在追捕兇手的過程中，一度拘捕錯人，一直到 1971 年七月，美國警察在追捕一台贓車時，意外在他的車子裡，找到作案用的工具，當然也包括他的人皮面具。當時警方懷疑真正的兇手是他，在不斷地盤問下，他終於俯首認罪。

　　由於他只對部分有明確證據的罪行認罪，至於其他有嫌疑的部分，因罪證不足，因此法官判他三十年刑期。在他出獄後，因澤西市市民反對他再回到這個城市居住，因此他移居到英國，並於 1994 年死亡，其死因不明。有記者後來報導愛德華的故事，讓他聲名大噪。

　　往後許多恐怖電影都可以見到與他相關的穿著，例如《半夜鬼上床》（A Nightmare on Elm Street）的弗雷迪造型、剪刀手愛德華的名字與造型、《月光光心慌慌》（Halloween）的麥克邁爾斯等，都有他犯案造型的影子存在。

　　詭異的是，有些評論者認為他戴的是真的人皮面具。這是由於面具部分已腐爛，且發出腥味，然而當時美國警察在逮捕他時，雖搜到面具，但並未對外多做說明，僅說是塑膠面具。所以有些評論推斷，在當時美國保守氣氛，及美國治安並不是很穩定的情況下，類似這種人心惶惶的案件，警方多半都會輕描淡寫帶過。▎

牧羊童森林
Hoia Baciu Forest

▍全球幾個恐怖的森林中，以日本的青木原樹海最熟為人知，但遠在東歐的羅馬尼亞，有一座被稱為世界最恐怖的森林，遠比青木原樹海更為驚悚。這座森林的名字叫做 Hoia Baciu Forest，意即牧羊童的森林。

這森林的名字由來，是因為曾有一名牧羊童在這座森林放牧時，突然與數百頭羊同時消失，因此這座森林的恐怖故事，也慢慢傳了開來，居民並取名為牧羊童森林。雖然森林有著非常茂密的樹林與廣大的草原，適合放牧牛羊，但當地居民對這森林是敬而遠之，不放一牛一羊進到這個森林裡，甚至伐木或打獵都會到較遠的森林去，而不會在這座森林進行任何活動。

這座森林與其他出現靈異事件的森林不同處，在於它不僅僅有靈異事件發生，甚至有人見過不明飛行物、外星人出現過，另外，還有人見過成群的女巫在此作法，佈下惡魔陣，讓進去的人類成為惡魔獻祭的對象。

這座森林傳出許多靈異事件，其中有一則是，有一群羅馬尼亞獵人出外狩獵時，不小心進到了這座傳說中的森林，當所有人發現進到這個禁地，趕緊想辦法離開時，眾人已不知身處何地，於是他們決定，與其在森林裡亂跑，不如先在這裡住一晚。獵人

們紮營升火後，為確保每個人的安全，因此全部靠得很緊，彼此互相守護著。

　　夜晚到來後，這群獵人開始遇到一些奇特的現象，首先聽到淒厲的哭聲從森林中傳出來，似乎是一群鬼魂從地獄爬了上來。哭聲一開始只有一處傳出，漸漸地好像包圍了整座森林，越來越大聲。每個人都害怕地摀起了耳朵，甚至有人開始禱告了起來。等這些哭聲越來越近，聽起來像是將他們層層包圍後，其中一名獵人受不了，往樹林裡跑去。接著有幾名獵人也受不了，跟著一起跑走，留下兩名獵人仍在原地不動。

　　這兩名獵人緊緊地抱在一起，全身不斷地發抖，接著他們見到類似人類的生物，向他們爬行過來，似乎是從地獄而來，兩人頓時嚇昏在地上。經過一晚的驚魂，第二天，警察接到報案後，與當地居民一起進到這座森林找人，然而只見到兩名昏倒在地上的獵人，其他獵人則完全不見蹤影。

　　這兩名獵人醒來後，述說當時發生的事，居民認為他們見到的應該是從地獄歸來的農民。由於羅馬尼亞有一陣子大力發展農業，政府派了大批農民進到這座森林進行探勘，然而這些農民無一人返回。政府再去派人搜尋時，發現這一批農民全部被人殺害，吊死在森林的樹上，但因為這些農民身無分文，且殺害他們時，又沒有明顯的打鬥及外傷，因此兇手與動機始終是一個謎。

　　雖然有許多靈異事件傳出，但進到森林裡探險的人卻是絡繹

不絕。當地人與警察雖無法阻止這些人進入，但多半會警告他們不要進到深處，太陽下山前，一定要離開森林。有些有陰陽眼或特異功能的人，就宣稱見到一批批的靈魂聚集在森林裡，這些靈魂似乎是來自地獄，他們認為，這座森林的深處，有著通往地獄的入口。

牧羊童森林除了靈異事件頻傳外，也是外星人造訪的熱門地點。自 1960 年，生物學家亞力克斯安德魯西弗特（Alexandru Sift）探訪此地時，拍到不明飛行物在森林上方徘徊的照片後，接著 1968 年，一名軍人伊密歐巴尼亞（Emil Barnea）在這森林拍到更多的照片後，1970 年代，不斷傳出有更多的目擊者見到不明飛行物降落在這森林。

也因為有這些外星人的到訪，這地方出現一些奇特的現象，例如當有人走到森林中央時，會突然感到頭暈目眩，或抬頭往上看，天空會出現奇特的光芒，因此有另一派人相信這座詭異的森林深處不是有通往地獄的大門，而是有外星人的基地。

在 1980 年中期，曾有一群研究外星人的團體試圖進到這座森林，尋找有外星人的證據。雖然當地居民警告他們，在太陽下山之前，一定要離開森林，但這群人卻不顧警告，執意要住一晚。天色逐漸變暗時，這群人開始紮營升火，待太陽完全下山後，這群人原本盼望能遇到外星人，然而，原本森林四周應該有的蟲鳴聲或野獸叫聲，卻只剩下寂靜，這些人感覺就好像是被關在密閉的空間中。

正當他們感到詫異時，突然在四周傳出女性的笑聲，漸漸地整座森林都被這個笑聲包圍住。接著天空亮了起來，似乎有盞巨大的探照燈照著他們，在這一瞬間，他們見到四周的樹林裡，有著無數的眼睛看著他們。有些膽小的人被嚇到無法動彈，膽子比較大的人則拿起一些鐵器，準備抵禦這些有可能來攻擊他們的不明生物。

經過一段時間的對峙，這些不明生物似乎越來越靠近他們，縮小包圍的範圍。團員中，一名女性開始出現歇斯底里的症狀，不斷地尖叫著，並朝森林外跑，其他人試圖要抓著她，但她卻拚命掙脫，最後則獨自跑向樹林裡。在第一個女性跑走後，每個團員陸續地像發瘋似地往樹林裡跑去，最後跑到一個人都不剩。

這些人的下場與獵人非常相似，只是比較好運的是，僅失蹤兩、三個人，其他人在次日的早上，逃出了這座森林，被當地居民救了出來。當他們在敘述可怕的經歷時，有些居民告知他們，在 1970 年代，常會在半夜見過發光的飛行物在森林上空盤旋，有時還會聽見一些類似女性的尖叫聲，讓人不寒而慄。確實在 1970年代至今，這座森林被拍到多次不明飛行物的降落或盤旋。

除了靈異、外星人外，牧羊童森林甚至被喻為羅馬尼亞的百慕達三角，這是因為這座森林另一個恐怖的點與百慕達三角一樣，有些人進到森林後，會永遠地消失無蹤，但有另一些人進到森林裡，雖然一樣消失，但過幾年後又再度出現，而且與消失時的年紀、穿著、打扮一樣沒變，這更添加另一份的神祕感。

雖然當地居民三申五令，要所有人不要靠近，但有一位居民在帶他五歲的女兒出遊時，一個不留神，小女孩竟然逕自走進了森林裡。當這位居民發現時，向當地警察與其他居民求救，一起去搜尋，但卻是音訊全無。眼見天色已暗，這名居民知道他的女兒已經沒有活著回來的希望，且也不希望其他人為了救他女兒而身陷牧羊童森林險境裡，於是要求眾人停止搜尋，並撤出森林。

　　過了幾年，有一位居民在森林附近走動時，突然見到一名小女孩從森林深處走了出來，由於這居民認識這名小女孩的家人，他一眼就認出她就是是前幾年失蹤的小女孩，因此他趕緊將小女孩帶到她的父母身邊。她的父母與友人見到小女孩興奮之餘，卻發現她的樣貌與穿著打扮，似乎仍維持在五歲失蹤的時候。

　　當小女孩的父母問她到底發生了什麼事時，她說她進到了森林後，見到一道光芒，她跟著走進去，但不知為何，她穿過光芒後，就走出了森林，接著就回到了家中，似乎只感覺過了半天時間。由於牧羊童森林隱藏著一些未知的能量，而這些能量不但會引發靈異事件、導引外星人到來，甚至還能夠讓人穿越時空，雖當地居民是敬而遠之，不過朝聖的研究人員或一些好奇的遊客，還是絡繹不絕地造訪，到目前為止，仍是每隔一段時間，還是會有人消失或離奇死亡的事件傳出。▎

來自地獄的魔物　凡米特訪客
The Van Meter Visitor

▌在許多都市傳說的魔物中，比較有名的是拉克、皮行者
（Skinwalker）、或兔人（The Bunny Man），這些來自地獄的魔物
都有一個共通點，就是見到它們的人，皆會慘死。然而，有一些
魔物則不會殺人，甚至會警告人，如天蛾人（Mothman）等，只
要有天蛾人現身的城市，這城市就會有恐怖的災害降臨。在美國
愛荷華州的凡米特小鎮，就曾出現地獄來的魔物，讓所有居民都
感到恐懼，並稱之為凡米特訪客。

　　1903 年的一個夜晚，一位居民在家中聽到屋頂發出一些聲
音，似乎有人在上面行走。他直覺認為是小偷躲在他家屋頂，於
是拿把獵槍出門。他圍繞著房子走了一圈，不斷注視著屋頂，當
他走到房子後方時，見到一名全身黑色，類似人的身體，背後有
著雙翅的魔物，停在他的屋頂。他嚇得舉起槍，往屋頂上射去，
但未射中，卻也因此驚動了魔物。這魔物發出尖銳的叫聲後，展
開雙翅，往夜空中飛去。

　　此後連續好幾個晚上，凡米特小鎮的居民陸續見到這個不知
名的魔物，由於從未有人見過這種生物，因此居民稱它為凡米特
訪客。雖然凡米特訪客並未直接攻擊居民，但半夜所發出的尖銳
聲，令人感到毛骨悚然，甚至有人因此而患了精神上的疾病。當
時鎮上的警察也對此魔物感到頭痛，雖聚集了一些膽子較大的居

民，一得到這魔物出現的消息，馬上組隊去驅趕，甚至試圖射殺它。不過此魔物似乎刀槍不入，就算眾人同時射擊，但還是無法傷它半根寒毛。

凡米特訪客每天出現在不同的地方，除了屋頂外，有時會出現在居民的院子，甚至半夜會趴在居民的窗戶上，盯著熟睡的居民看。雖然有些居民養狗，但這些狗見到凡米特訪客會發出哀鳴聲，並因為過於恐懼趴在地上，不敢動彈。許多居民見它的形狀不太一致，有些人說像是有翅膀的袋鼠，有些人則說像是巨形蝙蝠，但有一晚，月亮非常明亮的情況下，有一大部分居民看清楚它的真面目。

這些人形容，凡米特訪客長得就像從地獄出來的惡魔，身體與人完全一樣，但背後有著光滑無任何羽毛的雙翅，長相與長嘴鳥一樣，以當時人們對惡魔的印象一樣。每個居民嚇到已經無法動彈，深怕這個惡魔會飛下來殺害他們。不過就和過去一樣，這個魔物並沒有攻擊他們，反而對著眾人開始發出尖銳的叫聲並展開翅膀，往夜空飛去。

這時有幾位大膽的居民，與在附近巡邏的警察，分別開著車，往凡米特訪客飛走的方向追去。他們一直追著，警察甚至對凡米特訪客開槍，但這魔物還是一直往前飛著，速度維持並不是太快，也因此警察與居民可以從容地開著車，緊追在它的後面。凡米特訪客飛到鎮外的一個廢棄礦坑後，直接飛了進去，警察與居民追到礦坑前，便停止再往前進，因為一來天色太黑，礦坑裡

面伸手不見五指，在沒有準備的情況下，進入是有一定的危險性；二來不知裡面是否還有其他的凡米特訪客，要是聯手起來攻擊他們，必定會有生命危險。於是他們決定回去，第二天早上再回到這礦坑一探究竟。

然而當他們第二天到了這礦坑時，發現礦坑內部通道，早已被落石封住了，這些人不禁懷疑，如果這礦坑是被封住的，那麼凡米特訪客是怎麼通過這些落石出來，凡米特訪克的身分，以及來自何方，已成為一個不解之謎，甚至在一百年後的今天，仍無法解開。

有一部分專家認為，其實凡米特訪客，就是後來出現的天蛾人，由於兩者體型相似，擁有人形的身體、雙眼會發出特殊的光芒，更重要的是，背後有著雙翅，可以支撐龐大的身體在天空飛行。另一個兩者相同點，在於都會帶來災難的預告，有關於天蛾人的預告，最有名的就是 1967 年美國西維吉尼亞州的歡樂點（Point Pleasant）小鎮的銀橋（Silver Bridge）斷裂事件。當時天蛾人出現後沒多久，銀橋就斷裂，造成 46 人死亡的慘劇，此一事件也被拍成電影。

同樣地，在凡米特訪客出現的那一年，俄亥俄州下了一場前所未見的暴風雪，並造成兩輛火車對撞的意外。凡米特訪客出現後的數十年，天蛾人才現蹤跡。巧合的是，天蛾人的目擊者在追擊這個魔物時，也是追到一座礦坑前，見到天蛾人飛進去後，消失無蹤。只是天蛾人的洞穴深不見底，不像凡米特訪客的洞穴，

是被封了起來，當然目擊者也不敢隨意進到洞穴裡，雖然目擊者有報警，但就連警察也未踏進洞穴半步，並將洞穴封起來，以防止居民或外地人誤闖進去。▌

北美印地安巫術與阿亞華斯卡傳說

Ayahuasca

▊ 北美印地安人有許多傳說，如皮行者、鹿女（Deer Woman）、印地安巫術等，一直到現在，這些傳說還是不斷地流傳著，甚至有些人親身體驗過。有一位美國人傑夫與他的印地安原住民朋友摩爾，一起到亞歷桑納州的礦場工作時，這位摩爾對他說了一件令人感到非常詭異的故事。

摩爾是一位中年男子，也是個愛家的好好先生，且對美國地理環境非常熟悉，特別是原住民區，同時也對原住民文化有深入的研究。摩爾在跟傑夫去礦場的途中，對他說起了這件事，並懷疑自己家人可能中了印地安的巫術。傑夫問他原因，他提及因為之前為了工作，搬到亞歷桑納州來，由於他的社區是以原住民納瓦霍（Navajo）族為主，所以他住在這裡比較自在。

這邊的鄰居都不錯，但唯獨有位老人不懷好意，每次摩爾經過他家時，他都會一直瞪著摩爾，感覺似乎有什麼過節。由於老人對他的態度始終有敵意，有一次，他實在無法忍受的情況下，與老人起了衝突，在衝突過後，老人狠狠地對他說，有一天會後悔他所做的一切，他會死得非常淒慘。原本摩爾並未將此事放在心上，但不久後，他的小孩突然變了一個人似的，從一名學校頂尖的模範生，變成一名麻煩製造者，且脾氣非常暴躁，感覺有什麼邪靈附在他身上似的，因為他有時發出的聲音，與日常舉動都

很反常。例如他半夜會起來站在院子哀嚎，有時會莫名其妙地破壞房子裡的家具等。

摩爾曾帶小孩去看醫生，甚至精神科醫生，但卻都查不出什麼病情，有些醫生還認為這小孩是到了叛逆期，並沒有什麼不正常的地方。除了小孩的問題外，更糟的是他原本很健康的身體，突然就被醫生診斷出末期癌症，這些惡耗讓他幾乎快要崩潰。

摩爾有一次對社區的納瓦霍人提起這些事時，有一位納瓦霍人跟他說，他可能中了老人的巫術，應該要接受巫醫的治療。雖然他也是印地安原住民，不過他不太相信巫醫，反而比較相信科學。但日子一久，在他與太太感到精疲力竭下，終於去找納瓦霍巫醫治療了。

巫醫給摩爾與他兒子進行一種阿亞華斯卡（Ayahuasca）的治療儀式，進行這種儀式，必須先進到印地安原住民部落的聖地，因為他們相信在聖地裡，可以召喚出強大的祖靈來醫治所有人的病痛。首先兩人躺在一個草蓆上，巫醫與助手們圍著他與他的兒子，在巫醫唸唸有詞一陣後，煮了一鍋被稱為阿亞華斯卡的藥草湯，給他們喝下去。兩人喝完後，突然感到一陣噁心，從口中吐了一地黑水。

經過幾次治療後，摩爾與他的兒子似乎漸漸好轉。當傑夫再次見到摩爾時，摩爾已離開公司，兩人約出來見面敘舊。摩爾開心地對傑夫說，因為阿亞華斯卡的儀式奏效，他兒子已經恢復正

常，而他的癌症也不藥而癒。傑夫聽了，自然是替他感到開心。然而，老人對摩爾的詛咒似乎仍未解除，在過了一年後，傑夫打電話給摩爾時，是由他太太接的電話。摩爾的太太告知傑夫，幾個月前摩爾在開車上班途中，不知什麼原因，經過某棟大樓施工地點時，被空中掉落的鋼筋砸死，死狀非常淒慘。傑夫此時想起老人對摩爾說過的話，感到不寒而慄。▌

詛咒人偶的傳說

▌有些玩偶是有靈魂存在，有些玩偶則是一個禁錮的空間，關著許多靈魂。在美國有一個知名的詛咒玩偶茱麗葉（Joliet），這個玩偶的知名度與電影《安娜貝爾》齊名，但詭異度則是有過之，而無不及。說起茱麗葉，它並不像安娜貝爾一樣，是一個被惡靈附身的玩偶，而是與一個可怕的詛咒有關，而這個詛咒讓一個家族的男性靈魂，永遠地被禁錮在玩偶內。

目前擁有茱麗葉的人是一名住在美國叫安娜的女子，她會保存如此詭異的玩偶，並不是她覺得很好奇，而在於她的男性祖先被關在這裡面，當家人生男孩時，不出幾天，這名男孩會無故死亡，而靈魂也被禁錮在這個玩偶裡。安娜指出，當午夜來臨時，這個玩偶會發出像嬰孩一樣的哭聲，有時會發出笑聲，更可怕的是，有時還會吟唱類似古英文的童歌。

茱麗葉的起源，是安娜的曾曾祖父母在和鄰居起衝突後所開始的詛咒。這名鄰居被這個小城市的居民稱為女巫，因為她懼怕陽光，因此足不出戶，但只要出門，就會全身穿上整套的黑紗洋裝，將全身上下，包括頭與臉遮住，避免被陽光照到。當地人非常怕她，因為當時有關女巫的傳言非常多，且據說女巫非常記仇，所以一般民眾看到她，都避之為恐不及，離得越遠越好。

然而安娜的曾曾祖父母搬來這小城不久，恰巧與這女巫為鄰，當時他們還不知道女巫的恐怖，因此沒有作任何防範。女巫的家常會出現一些屍臭味，沒有人知道女巫家為何有這種屍臭味，眾人不願多想，只是經過女巫的家時，皆快步走過，一刻都不願停留。安娜的曾曾祖父母住進新房子數週後，實在受不了這味道，因此兩人連袂到女巫家的門口，起初是想和女巫講道理，但女巫並不回應他們，最後他們沉不住氣，大罵了幾聲後返家。

　　過了一段時間，安娜的曾曾祖父母生下一名男嬰，這是他們的第二個小孩，第一個是一名女孩。小城裡的朋友陸續送他們禮物，以慶祝他們生小孩。在這些禮物中，卻有一個神情看起來頗憂鬱的玩偶，上面貼著一張紙，紙上寫著這玩偶的名字叫茱麗葉。他們雖覺得這玩偶的表情有點奇怪，但由於禮物實在太多，他們也不知道是誰送的，所以就直接收下，擺放在櫥櫃裡。只是，這個娃娃卻讓他們的世世代代，遭受到恐怖的黑魔法詛咒。

　　在收到這玩偶前，剛出生沒幾天的小男嬰，還很活潑地動來動去，醫生也認為他是一個健康的小孩。在收到玩偶的第二天，他們的傭人一大早要替小男嬰換尿布時，突然發現小男嬰不動了，她仔細看了看，發現小男嬰全身冰冷，已死在嬰兒床上了，傭人嚇得趕快通知主人，並立即找醫生。然而，在醫生診斷過後，仍然無法確定死因，似乎就是莫名其妙地突然死亡。

　　詭異的是，這家族活下來的女性，在長大結婚生子後，第一胎都會生女兒，第二胎都是男孩，但這男孩永遠都是在一歲前，

就遭到夭折的命運。安娜的曾曾祖母見到後代的男孩都夭折時，知道這件事非常不尋常，於是找了包括警察、私家偵探、醫生，甚至是靈媒來調查，到底是怎麼回事。警察、私家偵探、醫生都無法解釋，只有一個靈媒對她說，因為有人施了黑魔法，將茱麗葉成為禁錮這個家族後代男性的容器，假如不將這玩偶丟掉，詛咒就永遠下去。

　　曾曾祖母聽了靈媒的話後，打算將茱麗葉丟掉，但就在要丟棄的前一個晚上，她突然聽到茱麗葉發出一陣陣的哭聲。她雖然受到一些驚嚇，但還是仔細地聽著這玩偶發出的哭聲。她突然流下淚來，原來這哭聲是她夭折的男孩發出來，她永遠都認得這個聲音。她很怕這玩偶被丟棄後，會被其他人或是受到自然外力的破壞，這些靈魂將永遠無法上天堂，於是她選擇保留下來這個玩偶，但這個決定，也讓她的後代面臨男孩出生沒多久，就死亡的命運，而這些男孩們的靈魂在死亡後，全部都被關到茱麗葉裡。

　　由於安娜的曾曾祖母、曾祖母、祖母、母親一直保存著茱麗葉，安娜也遭受到同樣的命運。她曾生了一名女孩後，接著又再生一名男孩，當然這名男孩出生沒多久就夭折了。有一晚，她聽到茱麗葉發出男孩的哭聲，她想起母親的話靠過去聽，果然聽到她那夭折的男孩的哭聲，於是她決定要盡一切力量保護這個玩偶，甚至安娜等到女兒長大後，要將這玩偶交給女兒保管，並告知其傳說。然而，可悲的是，這個詛咒可能會再繼續下去，永無止盡。

　　不過茱麗葉並不是唯一被黑魔法詛咒的玩偶，另一個極為

有名的羅勃玩偶（Robert the Doll），也是被黑魔法詛咒的恐怖玩偶。1896 年，一位住在美國佛羅里達州，名字為羅勃尤金奧圖（Robert Eugene Otto）的男孩，在逛一家古董店時，見到這個穿著水手服的小熊玩偶，他深深地被這玩偶的可愛外型迷惑住，但他卻不知道，這個玩偶曾經是一名女巫的黑魔法練習對象，在被下了多個詛咒後，賣到古董店。

由於這間古董店專門收購受詛咒的商品，許多研究靈學的團體都會到這間古董店採購，這個小熊玩偶已置放許久，與其他詛咒商品相比，並不是太起眼，於是店主開的價格非常低廉，羅勃尤金奧圖僅用零用錢，就可以買下這個玩偶。然而，羅勃尤金奧圖並不知道這間古董店的來歷，也不知道這玩偶的恐怖，於是將身上的零用錢給了店主後，興高采烈地拿著小熊玩偶回家。

當他到家後，將這個玩偶放在客廳，每天跟它對話。羅勃尤金奧圖的父母感到非常詫異，有時見到他對小熊玩偶說話時，小熊玩偶彷彿有回應他。甚至他們鄰居常投訴，在半夜會聽到駭人的恐怖叫聲，也會見到小熊玩偶在他們家的客廳，不斷地來回走動。有一次，鄰居實在忍受不了，找了警察來調查這家人的小熊玩偶，但警察反而覺得非常荒謬，來羅勃尤金奧圖家看了兩眼，就快速結案了。

過了不久，恐怖的事發生了。有一晚，羅勃尤金奧圖哭著搖醒熟睡中的爸媽，跟他們說小熊玩偶生氣了，破壞了家裡大部分的家具。他爸媽原本以為他在作夢，但走到客廳與廚房看時，不

禁嚇壞了。所有碗盤碎裂一地，所有桌子、椅子、沙發等，不是被摔爛，就是被某種利器砍爛，幾乎無一倖免。他父母以為房子遭小偷，但他信誓旦旦說是小熊玩偶弄的。當他們要找出小熊玩偶時，卻再也找不到這玩偶。

此後，房子雖出現多次靈異事件，但卻未像前一次這麼嚴重。羅勃尤金奧圖在他父母死後，繼承了房子。一直到 1972 年，他的後代在他死後，將房子賣給另一家人。這家人剛搬進去不久，並未感到有任何異樣，但這家人有個小女兒，常在大人出門後，聽見房子內有人在叫著她的名字。

由於她才剛搬來不久，應該沒有人知道她的名字，當她覺得納悶之餘，開始找尋聲音的來源。那叫喚她的聲音，總是趁她一個人在家時出現，因此她雖有點害怕，但仍然去試著找出到底誰在叫她。她沿著聲音找，最後發現是來自閣樓。她爬上樓梯打開閣樓門後，發現整個閣樓是空蕩蕩的，且佈滿都灰塵。她爬進閣樓，看到深處有一個玩偶，她爬過去撿起來，一看是穿著水手服的小熊玩偶。她覺得很可愛，於是帶回房間，清理一下，把小熊玩偶放在床邊。

到了半夜，小女兒突然尖叫，她父母趕緊跑到她房間去看，見到一只小熊玩偶掉在地板上，而她不斷地大哭說，地上的小熊玩偶要殺她。當她父母以為只是玩笑話，走過去抱著小女兒時，發現小女兒的脖子居然腫了一圈，似乎是被什麼東西勒過。她父母連忙檢查她身上其他地方，卻見到身體有些部分發青發紫，似

乎被虐打過。她父母趕緊報警，但在警方調查後，卻也沒有什麼具體的結果，甚至還懷疑是她父母下的毒手。

直到一名老警員見到小熊玩偶後，對他們說小熊玩偶的過去。甚至她們還去問羅勃尤金奧圖的後代，才發現整件事情的詭異。其中最可怕的部分是，據羅勃尤金奧圖的後代說法，這個房子在建立之初，並沒有閣樓這個房間，就算有，也從未有人到過閣樓，因為沒有建造樓梯，也沒上去的輔助工具，而那家人的小女兒與小熊玩偶是怎麼上到閣樓，實在讓人感到匪夷所思。

目前這個小熊玩偶被珍藏在奇維斯特市（Key West）的歷史博物館中，而館方雖然公開展示這個玩偶，但卻有個詭異的規定，假如要拍這個小熊玩偶前，需告知館方人員，並進行禱告，方能拍照，否則會受到這個小熊玩偶的詛咒。▋

▲ 被詛咒的羅勃玩偶
資料來源：Cayobo from Key West, The Conch Republic

巴迪霍利的詛咒
The Curse of Buddy Holly

▌在西方樂壇史上，巴迪霍利（Buddy Holly）應該要佔一席之地，他當時與批頭四（The Beetles）等知名樂團並駕其驅，其音樂甚至影響後來美國搖滾樂界，但由於他年輕早逝，以致這位明日之星留下不少遺憾，美國樂手甚至形容他死亡的當天為音樂死亡之日。不過他的故事並未因他的死而早早畫下句點，反而帶來令人戰慄不已的巴迪霍利詛咒。這詛咒圍繞著與他有關的人們，包括他的朋友、團員，甚至他的樂迷，一一都是這個詛咒下的犧牲者。

巴迪霍利生於 1936 年 9 月 7 日，在很年輕時，就成為知名的創作歌手，日後組成蟋蟀樂團（The Crickets）。他於 1959 年 2 月 3 日在冬季派對的巡迴演出中，不幸在飛機失事中喪生，與他一起死亡的有里奇瓦倫斯（Ritchie Valens）與 J.P. 里查森（J. P. Richardson）兩位知名樂手。在巴迪霍利出事前，有許多不尋常的徵兆，其中一個是他和他太太瑪莉亞艾蓮娜（Maria Elena）同時作了預知夢，他們夢到有一顆火球從空中掉了下來，將地面撞了個大洞。

甚至原本瑪莉亞要跟著巴迪霍利一起去參加冬季派對，但巴迪霍利對她說，他連續好幾天都夢到他死去的一個親戚警告他，離瑪莉亞遠點，否則她會跟著他一起死亡。因此巴迪霍利極力反

對瑪莉亞跟他一起出遠門，在家照顧小孩就好了。

除了巴迪霍利和他太太一起作了預知夢外，甚至他接到了英國製作人好友喬米克（Joe Meek）的勸告。由於喬米克非常相信塔羅牌，於是他找了算命師替巴迪霍利算命，算命師告知他，巴迪霍利的死亡日期是 2 月 3 日。巴迪霍利一笑置之，說 2 月 3 日早就過了，因為喬米克告知他的時候是 1958 年的 2 月底，而巴迪霍利卻在隔年（1959 年）2 月 3 日死亡。

在他死後，詛咒之事開始發生，與他有關的人士，也相繼在不同情況下，遭到橫死的命運。有關他的傳說是，因為他成名太早，有些人對他的成就與天才，感到非常眼紅，特別是他當時幾個競爭對手，於是其中一位對手向他下了惡毒的詛咒，讓他在二十幾歲就死亡。然而，目前流傳最多的版本，則是說他在早年愛上一個不該愛的女孩，此段感情讓他受到了詛咒，所以在後來唱出〈愛讓你變得愚蠢〉（Love's Made a Fool of You）這首歌後，就死於非命；然而有人發現，這個版本的主角並不是他，而是巴比富樂（Bobby Fuller），一名被唱片公司視為他當時的接班人。不過不論是任何版本，他勢必受到了強大的詛咒，以致於在他死前有許多的暗示出現。也因為這個詛咒力量過於強大，甚至蔓延到他身邊的人。

在巴迪霍利死後，唱片公司請了一位歌手朗尼史密斯（Ronnie Smith），代替巴迪霍利作為主唱，但在他唱完最後一場巡迴演出後，因為使用太多藥物，精神出現問題，被強制關進精

神病院，數年後，他在精神病院裡上吊自殺。接著詛咒似乎蔓延了開來，鍵盤手大衛巴克斯（David Box）在樂團主唱相繼出事後，原本要單飛，自行在外演出，但就在他準備進行單飛巡迴演出時，遇上飛機失事，死時才二十幾歲。

這個詛咒不僅僅讓他的樂團成員陸續離奇死亡，甚至連一些向他致敬的音樂人士都遭到牽連。一名歌手艾迪寇可倫（Eddie Cochran）曾錄製向巴迪霍利致敬的歌曲，因為他當時與巴迪霍利感情很好，且他也計畫要隨巴迪霍利一起搭飛機進行冬季派對的巡迴演出，但臨時有事，無法搭上死亡班機隨行。當他聽到墜機的消息後，他認為他應該死於這場災難，雖然逃過一劫，但死神已經在他身邊圍繞著。

1960 年四月，也就是巴迪霍利死後的第二年，艾迪寇可倫開著車，載著他擔任音樂製作人的女友與另一名歌手金文森（Gene Vincent）一起朝著倫敦希斯洛機場走，但在半途出了一場非常嚴重的車禍。艾迪寇可倫的女友頸部與背部受重傷，金文森的腿被撞斷，而艾迪寇可倫的頭部受到致命的傷害，送進醫院的第二天，就宣告死亡了。乍看之下，似乎跟巴迪霍利的關連性極低，但詭異的是，艾迪寇可倫被送到的醫院，正是他和巴迪霍利第一次見面的地點，而他錄製的最後一首歌，叫做三個步驟到天堂（Three Steps to Heaven），死時才二十幾歲。

艾迪寇可倫的女友與金文森因工作關係，與巴迪霍利有不錯的交情，然而只有她逃過一劫，然而金文森在腿斷掉後，一直鬱

鬱寡歡，而在十一年後，他因為另一場意外而死，死時也不到四十歲。

巴比富樂也是一連串詛咒下的犧牲者之一。他曾將自己的試唱帶寄給巴迪霍利的父母，而他們再轉交給唱片公司，由於他的形象與歌喉類似巴迪霍利，因此唱片公司希望他可以模仿巴迪霍利。雖然後來他出了幾張專輯，也唱紅了巴迪霍利寫的〈愛讓你變得愚蠢〉這首歌，但他的下場卻比巴迪霍利的傳說還驚人。1966 年 7 月，他的屍體被人發現在一輛車內，車內是密閉狀態，僅有一條管子接到排氣管，通往車內，其死因為吸入過多的汽車排放出來廢氣，窒息而死。

他的身上有許多被打的傷痕，手指也斷了幾根，似乎是被人狠狠打了一頓，再丟進密閉的車內，讓他吸入過量廢氣而死。據一些當時媒體的報導，他是因為愛上了一個黑幫老大的女人，爾後被黑幫老大發現，找手下將他毒打一頓，並殺了他。巴比富樂死時也是二十幾歲，非常年輕就遭到橫死街頭的命運。

巴迪霍利的詛咒甚至延伸到曾經對他提出死亡預告的喬米克。喬米克是英國知名製作人，最有名的是他製作過的歌，曾登上全美排行榜的第一名，在他之前，從未有任何英國音樂製作人有此殊榮。在巴迪霍利死後，他因思念好友過度，造成用藥過量，甚至，公開對外宣稱好友曾回來找過他，要他一起離開這個世界。在巴迪霍利死後的第八年，他拿著獵槍射死房東後，再舉槍自盡，死時不到四十歲。

另一個跟巴迪霍利有關的歌手巴比達因（Bobby Darin），所發生的事更加離奇。巴迪霍利曾替他錄過一支單曲，兩人並在電視台的特別節目中合唱過。巴比達因死於心臟手術中，當醫生要修復他的心臟的支架時，他突然死在手術檯上，當時他也是不到四十歲。在巴比達因死亡前五年，他突然發現他一直視為姐姐的人，居然是他的媽媽，而他稱為媽媽的人，卻是他的外婆，他的整個人生非常地撲朔迷離。更有甚者，連拍他傳記電影的人都逃不過巴迪霍利的詛咒。1977 年，巴迪霍利傳記的劇本撰寫者羅伯特吉特勒（Robert Gittler），則在電影上映前，自殺身亡。

巴迪霍利的連串詛咒，一直到今天都讓人感到非常不解，一名被視為音樂教主的歌手，遇上飛機失事後，身邊只要與他音樂事業有關係的人，皆受到詛咒的影響，雖然有些未受到致命的傷害，但也讓人感到非常心驚。時至今日，巴迪霍利的詛咒遠比世界三大禁曲，更為被西方人士廣為所知。▋

▲巴迪霍利之墓

台灣的不明飛行物

▌台灣許多地方有著類似外星人到訪過的傳說,而在 1960 年代,台灣更是出現過不明飛行物,並被拍攝下來,這也是早期可以查到的不明飛行物在台灣出現的資料。

　　1960 年,一位蔡章鴻先生,在台北的圓山公園拍攝圓山大飯店時,突然在眼前出現了一個巨大的圓盤,當時不明飛行物的資訊並不是很多,且又是剛好在戰爭過後,他以為見到的是軍方的新武器,就將這飄浮在空中的圓盤物拍了下來。

　　當他拍完後,這飛行物突然以飛快的速度,消失在他的眼前。他呆了半晌後,才回過神來,猛然覺醒剛才見到的物體,原來就是傳說中的不明飛行物,不過卻將當時出現在圓山大飯店的不明飛行物,完整地拍了下來。這也是當時在台北見到這類型的不明飛行物最有說服力的證據之一。值得一提的是,蔡章鴻先生是前台北圓山天文臺長蔡章獻先生的弟弟,而蔡章獻先生對台灣的天文學貢獻良多,甚至 2240 號小行星也以他的姓 Tsai 為名。

　　1961 年,一位王先生於台東拍攝到不明飛行物。據當時的文獻透露,總共有十五名目擊者同時間,並於同個位置見到這不明飛行物。當時台東的天氣晴朗,有幾位民眾在海灘上行走,並順便欣賞一下美麗的海景。接下來,許多人看到不可思議的一幕,

一個圓形飛行物在天空停著。王先生因正在拍海景，一看到此幕，馬上將相機對準飛行物拍攝。不過與台北的情況一樣，許多目擊者認為是某個國家的軍事武器，但後來洗出照片後，王先生的朋友告知，這是不明飛行物，他才理解他拍到的是極為珍貴的畫面。這兩起不明飛行物事件，也是台灣早期在 60 年代，所留下來的極其珍貴資料。

▲1960 年，台北出現的不明飛行物

▲1961 年，台東出現的不明飛行物

Chapter 3 （Declassify 🔓）

亡靈世界

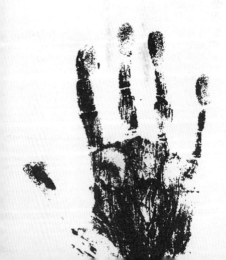

許多人相信，在我們生存的世界中，有著充滿著亡靈的另一個世界。當兩個世界的頻率相同時，在這個世界的人們，就會見到另一個世界的亡靈。當然也有許多人相信，有些亡靈在死後，並不知道自己已經死亡，要到另一個屬於祂們的世界，因此仍在活人的世界裡徘徊。特別是歐美的房子，由於歐美房子內部錯綜複雜，且年代久遠，因此被困在房子裡的亡靈，通常無法順利離開，久而久之，就在房子裡繼續住著。

　　許多西方國家人士，對於亡靈的世界，不但不感到害怕，反而更有興趣地探索，因此會有許多拍到亡靈的影片或照片，替一些知名的靈異地點證明確實是有亡靈出沒。其中又以美國的史丹利旅館最為出名，因為靈異事件的歷史久遠，也因此吸引了許多知名人士造訪，並成為一些驚悚電影的拍攝地點。

　　雖然亡靈在人間徘徊，多少有點留戀的意味，但也有些故事是活著的人對於死者的依戀，除了過去介紹的冥照外，國外也有一些網站是以紀念死去的嬰孩為主，如「天使的記憶」等。這個「天使的記憶」，就是讓一些失去嬰孩的父母，留下回憶。

罕布夏郡的靈魂傳說

▌眾所皆知，英國的古老房子非常多，也因此常出現許多知名的鬧鬼事件。近期在英國罕布夏郡的一個城市的白獅旅館，就拍到疑似靈體的畫面。在樓梯口的監視器拍到一個戴著頭巾的女性靈體，大約數秒鐘的時間，從窗子飄到房子裡。

這棟旅館常出現鬼魂，但似乎不像是那種騷靈事件，只是會偶爾的出沒。許多旅客或工作人員曾目睹鬼魂出現的跡象，包括現任的旅館經理凱特，就曾見過一個女性鬼魂出沒。當凱特走在長廊上時，偶爾會突然打冷顫，寒毛立即豎了起來。她說出現這種感覺時，就是她穿過一個靈體的時候。

另一個較為奇特的事件，就是當鬼魂出沒時，特別是從外面飄進屋內時，這棟旅館的防盜系統就會失效，這已經是不知第幾次發生了。其中有一次，當他們防盜系統失效時，就聽見沒人的閣樓有東西在碰撞的聲音，非常令人驚恐。

事實上，這個罕布夏郡就充滿許多傳說，許多老房子經歷過幾個世紀後，裡面的鬼魂似乎不知道祂們已經死了許久，因此常會出來活動。同時，由於過去這個地方發生過戰爭，因此許多士兵的靈魂也曾在此處徘徊。

有一名士兵叫雅各，在他來到罕布夏郡的城堡住紮時，愛上了一位叫西西莉的女孩。西西莉是城堡主人的妹妹，由於她長得非常漂亮，因此這個郡的男性無一不迷戀她。不過由於西西莉個性喜好冒險，因此當她遇到雅各時，雅各跟她講了許多在歐洲四處征戰的故事，她也因此愛上了雅各。

有一次在堡主舉辦的生日宴會裡，男性需要邀請女性一起共舞。西西莉當然是眾男性邀請的對象，但因她迷戀著雅各，因此僅答應與雅各共舞。就在兩人跳舞到一半時，突然前線傳來戰報，需要徵召士兵到前線作戰，雅各因戰功彪炳，因此被選為上前線的其中一人。

雅各在被選上後，西西莉求他不要去，因為她有不好的預感。雅各安慰她之餘，同時也當眾跟她求婚。西西莉答應了他，並發誓說會等他回來。由於西西莉追求者甚眾，根本沒有人看好她的誓言，認為她很快就會被其他貴族男子追走。

在作戰時，雅各被分派到最危險的一個小隊，需在敵軍前方衝鋒，而另一小隊則繞到敵軍後方包夾。由於敵人軍力集中在前方，因此雅各的小隊打得異常艱辛。最後這場戰役勝利了，但雅各的小隊全軍覆沒，雖然其他軍隊派人找尋士兵的屍體，但僅有雅各沒有找到。消息傳回罕布夏郡，西西莉聽到雅各失蹤，甚至有人傳他已死亡，她悲傷地躲在房間裡，自此再也沒有人見過她外出。

在罕布夏郡舉行一年一度的慶典時，堡主邀請罕布夏郡的居民一起到城堡的花園共舞。這時許久不見身影的西西莉突然現身，她身穿全白的禮裙走到花園的中庭。居民本來就很喜歡西西莉，在看到她之前難過的樣子，大家都很不捨，這次她能夠出來跟大家同樂，自然是開心萬分。

　　當居民與堡主要上前跟她說話時，一名男子從花園的大門走了過來，到西西莉的面前。眾人仔細一看，原來是雅各。他身穿著軍裝，挽著西西莉的手，對她說：「西西莉，我回來了。」「嗯，我等你很久了。」她深情地看著他，挽著他的手臂，一起走向花園的大門，最後消失在眾人的目光中。

　　在兩人離開不久，一組軍隊傳回訊息，說他們發現雅各的屍體，他身穿軍裝，靜靜地躺在草原上。與此同時，西西莉的房門也被打開了，她身穿全白的禮裙躺在床上，似乎已經死亡多日。數日後，堡主替兩人舉辦盛大的葬禮，將兩人葬在一起，而兩人的故事也跟著流傳下來。據說有時在罕布夏郡見到的白衣女子，或身著軍裝的士兵，就是雅各與西西莉的靈魂在徘徊。▍

罕布夏郡的靈魂影片

亡靈回歸之謎

有些屍體在死亡多時後，會起一些詭異的變化，這些變化在現有的科技時代，仍難以解釋，在國外就出現多起這類型的屍體變異事件。有一對英國父子駕車出遊後，突然消失無蹤，家屬忙著報案之餘，也透過許多朋友打聽父子兩人的下落。父親是 52 歲的約翰李（John Lee），兒子是 14 歲的康納李（Connor Lee），兩人在 1997 年 10 月 2 日一起駕車出去，結果失去音訊，約翰李的太太趕緊報警後，在警方與朋友的不斷搜索下，兩週後，他們找到兩人的屍體。因為在英國的肯道市附近開車時，下雨天汽車打滑，衝出路面而墜下山谷，兩人被卡在車內而亡。

當警方想要將屍體運回山上時發現，因為山谷非常險峻，墜落的汽車翻覆在山崖下的樹叢中，由於汽車難以移動，加上樹叢太茂密，卡住了車門，致使救難人員難以將屍體搬出去，於是出動了大批人馬與機具，才好不容易將父子兩人的屍體抬出來。

當兩人的屍體被送到法醫處鑑定死亡原因時，除了判定兩人是當場死亡外，法醫居然發現康納的嘴唇上有女子的口紅，這口紅是英國 20 多歲的女性所喜愛的牌子。更令人感到驚悚的是，這口紅是剛親吻上去的，換句話說，如果不是康納在死後會自行擦上口紅外（現場沒有發現口紅），就是在康納死的兩週裡，每天都有一名年輕女子（又或是男子）塗上這名牌口紅，並親吻著他的

嘴唇，或是有人幫他擦口紅。

　　這件事到現在還沒有查明真相，然而國外有一個短片導演湯馬斯曼可夫斯基（Tomas Mankovsky），根據這個故事拍了一部短片。內容是說一名小女孩每天騎單車到草原找一位小男孩，這小男孩不知道為何會躺在草地上，小女孩跟他聊天到一半時，他感到頭很痛，但他還是不知原因。最後兩人親吻後，小男孩躺了下去，小女孩難過地離開他。原來小女孩知道這名小男孩已經死了，只是他自己不知道這件事。

　　事實上，有些到了另一個世界的亡靈，或許太過於思念人間世界，因此會出現一些無法解釋的回魂現象，其中羅沙麗亞倫巴多（Rosalia Lombardo）的眨眼事件，則被許多人討論著她是否曾回魂過。羅沙麗亞倫巴多為義大利最著名的小女孩，因為她生了一場肺病後，就不幸死了。她的家人為了紀念她，將她製成木乃伊，放置在義大利西西里的地下墓穴，所以又被稱為睡美人。然而，不久前有人在她的監視器中，發現她張開眼睛。這件事讓當地人驚嚇不已，因為在西西里地下墓穴中，共有八千具像羅沙麗亞這樣的木乃伊。

　　羅沙麗亞的家人利用當時先進的防腐技術，讓她的身體不會腐化，於 1920 年放進於玻璃棺內，並埋在地下墓穴的一個小祈禱室裡，甚至多年後，有專家學者用 X 光設備檢視她的身體，發現居然器官都保存得很好。不過經過快一世紀的時間，在 2009 年，世界地理雜誌拍攝她的記錄片時，發現她的屍體已經開始風化，

皮膚的顏色也開始慢慢褪掉。

近幾年，義大利學者在羅沙麗亞的棺木前，擺設監視設備，每天在觀看屍身的變化，突然在某一日，她的眼睛開始會張開和閉上，且一天發生多次這種現象。當地的媒體大肆報導此事後，有另一派學者則說明，這全是光影所造成的現象，在她的墓室中，因為光線照到玻璃棺，所以光在折射下，出現睜開眼的假象，但另一派學者提出質疑，地下墓穴在沒有風的情況下，就算墓室有燈光，實際上也很難做出陰影變化的效果。

在這個地下墓穴，雖然放有其他的木乃伊，但大多都已風化，甚至只有皮膚與骨頭，唯獨羅沙麗亞的屍體幾乎沒有變化，與生前無異。據說是因為當時研發此技術的奧法爾多，用了許多不為人知的技術，甚至有人認為他根本就是在使用煉金術，否則為何屍體的樣貌可以保存一百年都沒有太大的變化，但奧法爾多一直到死，都沒有說明他到底是用了什麼技術來保存此屍體。

近期有學者就提出一些理論，認為當年奧法爾多把所調配的祕方，注入到羅沙麗亞的身體內，其中有甘油，保持她的身體乾燥、水楊酸讓細菌離開她的身體、鋅鹽則讓她的身體僵硬，最後就是玻璃棺櫃讓她的身體與空氣隔絕，這特製的棺木更可以隔絕一些光源，如地下墓穴的電燈或遊客的閃光燈。不過在 20 世紀初，會有這樣技術，也是讓這些學者感到疑惑，到底煉金術是否真的存在過。▌

ROSALIA LOMBARDO
Nata 1918-Morts 1920

▲ 羅沙麗亞倫巴多

小女孩被拍到眨眼的影片

各國靈動事件

▎所謂靈動事件，指的是一些亡靈的騷動，但有時並不一定指的就是人類死後的靈魂，而是來自地獄的惡靈。

在美國，有些城市的房子年代實在太過久遠，裡面無人居住情況下，常常出現靈異事件。歐美的靈異事件分為兩種，一是一般的靈，通常不太會傷害人，除非是一些想要引人注意的靈，才會動手傷害人。另一種，就是惡靈，也就是國外宗教稱的撒旦，這種靈就會對人產生精神及肉體上的重大傷害。由於很多美國人因工作或小孩關係，會不斷地換房子居住，但如搬到較老的社區的房子，是有很大的機會遇到靈異事件。在美國就有人發生家裡現惡靈，並將他的聖經燒毀的恐怖事件。

在 2012 年，這名基督徒在家中遺失第一本聖經。由於這是他的第一本聖經，因此他很努力地去找，但怎麼都找不到。在此其間，他家裡常聽到一些家具的移動聲、無人的腳步聲、燈光會自動關起來又再打開，甚至有些物品莫名其妙地被移動。起初他以為是遭小偷，或是家裡藏有其他人，然而他在搜完全家後，卻未發現任何可疑的事蹟，但怪事仍接二連三發生。他曾想過找牧師來淨化房子，但後來因忙碌而作罷。

在他聖經遺失後的第二年，有一次他跟女友很晚回到家。當

他和女友打開房子大門時，他突然聽到一聲很大的關門聲，研判是他寢室的房門關了起來。當時他以為是小偷闖進來，於是隨手拿起壁爐旁的火鉗，走到寢室前，慢慢地推開房門。就在他打開房門時，他感到有一陣風，應該說是有一個物體，很快地從他身上穿過。他整個人愣了一下，接著又聽到一陣很大聲的關門聲，此次是他家大門自動地關了起來。他問女友有無見到任何奇怪跡象時，他女友表示沒有。

有一次他的朋友拜訪他家，兩人在廚房交談時，他朋友身邊的椅子突然自動移開，接著他看到一些餐具似乎也跟著移動。他朋友簡直是嚇壞了，趕緊叫他去找驅魔師或牧師，替他家進行淨化儀式。在聖經遺失的第三年，他因為受傷，請假在家休養。當他一個人在家時，突然聽到客廳傳來腳步聲，於是他趕緊去察看到底發生什麼事。當他到了樓梯時，發現被撕毀的聖經單頁散落一地。接著又聽到某個房間出現很大的撞擊聲，他趕去看時，赫然發現地上被燒毀的聖經。

接著他買的第二本聖經也無故消失在家中，當他再度經過一些靈異事件後，發現這本聖經時，又是被燒毀的狀況。由於整起事件太過詭異，也有一些人質疑此事的真偽，但事實上，聖經被美國大部分人視為重要的文物，連美國總統在宣誓就職時，都會將手放在聖經上進行宣誓，所以除了一些極端教派或極端份子外，很少人會去焚燒或撕毀聖經。

且就一名虔誠的基督徒來說，再怎麼譁眾取寵，都不會拿燒

聖經一事來開玩笑。在經過這些事件後，這位男子考慮是否應該請牧師來淨化房子，或是找驅鬼團體來協助釐清真相。

　　除了美國外，華人地區也有非常多的靈動事件。位於新加坡中國城的 Cato 餐廳拍到無法解釋的影像，這間餐廳頗具名氣，在日前的監控吧台的攝影機中，拍到吧台前的椅子開始晃動，旁邊有兩位顧客一直喝酒聊天，工作人員則在吧台裡掃地，絲毫沒有察覺旁邊的長腳椅在晃動。從另一個角度看，兩位顧客身旁的確沒有人，但椅子不斷地晃動。接著攝影機轉回原來的角度，發現椅子越晃越厲害，最後倒了下來，當場把三人給嚇壞了。

　　在討論為何會發生這樣的事時，有人發現第 54 秒處，有個類似小孩的靈體從螢幕最上方跑到兩位顧客的身後，就消失無蹤。由於這家是新加坡知名餐廳之一，輿論造假的機率不是沒有，但是非常低，所以被拍到並被人上傳到網站後，新加坡人都議論紛紛。▊

新加坡餐廳監控設備拍攝到靈體影片

影人傳說
Shadow People

▎每個人都很有可能曾有睡眠癱瘓的經驗，也就是我們俗稱的鬼壓床，其感覺就是腦中有意識，但眼睛就半睜不睜的，身體也不能動，感覺好像快要死了一般，非常不舒服，因我有多次經驗，不過只要硬是把身體動起來，或是想辦法叫出聲來，基本上就會起床。然而在國外，常被鬼壓床的人會見到一個或數個像影子般的人出現。早在 2001 年，美國西岸最有名的灣岸至灣岸節目，就常報導這類影人的事件。鬼壓床與影人甚至懸疑到美國多次拍攝此類似的電影，如《Shadow People》和近期的《The Nightmare》。

亞特貝爾的「灣岸至灣岸」節目，是一個專門報導外星人或一些都市傳說的深夜話題性節目，常常接到一些光怪陸離的電話，最為知名的就是之前介紹的梅爾洞穴事件。第一通接到影人事件，是一位美國原住民打來的電話，他形容在睡著與清醒之間，見到一個全身黑色裝扮的人形煙霧，往他睡的床上走過來。他雖然看不清楚，但發現這個人形煙霧又像是一個立體狀的影子，接著他發現這影子竟然不只有一個，而是很多個，只是在接近他時，就消失了。

在這節目一報導影人後，「灣岸至灣岸」節目不斷接到類似的電話，甚至網路上有許多人繪聲繪影地畫出影人的畫像。一開始流傳的影人並沒有威脅性，但到了後期，越來越多的人表示，

影人開始攻擊他們。有一位女子打電話到節目裡，說影人曾跳到她的身上，並掐住她的喉嚨，讓她無法呼吸；這名女子甚至聲稱，影人是來自地獄的敵基督使者。

較詭異的是，有部分人在遭受到影人攻擊，下意識地反擊後，突然就從睡眠癱瘓的狀態中清醒，影人也跟著消失，但這些人的身上就多出了許多不知名的傷痕。有些國外的靈異節目，也拍到不少有關影人的畫面，甚至在監視錄影機的流行後，越來越多的人上傳拍到的影人影片到網路。

影人要說是鬼魂，其實也不盡然，因為鬼魂通常是無實體存在，在國外一些研究學者的理論認為，鬼魂就像一個訊號或電波一樣，人類剛好跟鬼魂的訊號在同一頻段時，或是錄影、錄音設備剛好在某個時間點，與鬼魂進到了同個頻段，就會被錄了起來。而影人不同，它是有實體存在，似乎就在每個人的身邊，隨時會出現或消失，類似隱形人一般。甚至有人還認為影人是美國軍方的祕密武器，或是中央情報局的探員，更有人認為影人就是外星人。▌

天使的記憶
Stillborn Angels Memory of

▌上一本書介紹過歐美人士自維多利亞時代,就有拍攝冥照的習俗,直到現在,還是有一群人保有這種習俗。過去冥照多半以照片形式存在,拜科技進步所賜,現在歐美大部分冥照是以數位的方式儲存,甚至在歐美就有一個專門儲存小孩的冥照的網站,只是這個網站似乎不是一個普通的網站,甚至有些詭異。

　　這網站的名字為「Stillborn Angels Memory of」,代表紀念早逝的小孩。其中 Stillborn 的意思是早產、生出死胎或生出來沒多久就夭折的小孩。網站上有非常多位母親實在是捨不得這些小孩,因此將小孩打扮成活著的模樣,並進行合照或個人照,將照片上傳至這網站,當然有些媽媽也會寫一些感人的字句,用以懷念她們的小孩。

　　例如有位媽媽記錄她好不容易懷胎,卻還來不及長大就死去了的早產小孩。她將小孩打扮得非常可愛,還幫這小孩上妝,宛如生前一般。一般人看這些照片,可能會覺得很恐怖,或有一種害怕的感覺,但這些媽媽們看到這些小孩是非常溫暖窩心,因為小孩就算是死了,還是她們的最愛。

　　只是令人感到詭異的是,這個原意感人肺腑的網站,它的設計取向似乎不是朝感人的情境設計。另一方面,這個網站很難連

上去，原因不在於網站頻寬不夠，而是有人故意這樣做，並播放著令人毛骨悚然的音樂，讓人覺得非常恐怖和懼怕。假如用谷歌查 Stillborn Angels 網站，會發現它出現警告，說這網站可能被駭客入侵。

　　由於這只是個讓那些傷心的母親們，留下她們夭折小孩照片的一個紀念性網站，因此到底是什麼人想要破壞這個網站，讓一般人無法進去，其目的為何，又或著是網站創辦者故意這樣做，讓網站的詭異度不亞於暗網的部分網站，或說是故意設計成最接近暗網的表網網站，類似 Bestgore、Liveleak 或 Kickass.to 等，究竟是為何要將此網站建置得如此神祕，真正原因恐怕只有創辦者本人或是入侵者才清楚。▮

泰國嬰靈娃娃

Luk Thep

▌恐怖娃娃的故事各國皆有，但以降頭或養嬰靈聞名的泰國，更是出了結合嬰靈的娃娃，不可思議的是，這個嬰靈娃娃居然成為商品販售。近期國內外新聞都有大肆報導這個嬰靈娃娃（Luk Thep）的故事，因為泰國航空近期也在促銷這種娃娃的票價，然而這娃娃並不是外傳帶來好運的天使，而是與嬰靈有關。

Luk Thep 是泰國傳統的嬰靈娃娃，一般泰國女性會買來當成自己小孩養，她們深信在經過高僧作法後，神明會將嬰靈附在娃娃裡，因此每個 Luk Thep 被人買去後，都會經過泰國高僧的作法，如同替神像開光一樣，讓嬰靈能夠附身其中。其中一位名為 Phra Ajarn Vinai Thitapanyo 的高僧，近期每天要替一百個 Luk Thep 作法，有些人甚至會同時帶五、六個 Luk Thep 來請高僧作法，每次作法十分鐘，儀式為唸誦一段經文，喚醒嬰靈附身在 Luk Thep 裡。

部分遊客認為 Luk Thep 是帶來幸運的天使，其名稱翻譯成中文是天使孩童，因此泰航會對待 Luk Thep 如同真的小孩一般，從提供食物、點心、飲料，到替 Luk Thep 綁安全帶的服務都有。由於泰國人認為每個 Luk Thep 都有自己的靈魂存在，一旦擁有 Luk Thep，需要像對待真的小孩一般，從吃飯、穿衣服、洗澡，都需要細心照顧。不過是否會帶來好運是不知道，但惹他們生氣，可

能就會帶來一些災難。

比較詭異的是，由於泰航提供 Luk Thep 的票價是可以乘坐乘客的位子，所以假如一般人搭乘泰航時，很可能旁邊就會出現一個 Luk Thep。當然除了泰航外，很多設施，如餐廳、學校或一些營業場所，是很歡迎客戶帶著 Luk Thep 一起用餐或是坐在主人身邊。

不過也有一些地方排斥這種娃娃，主因在於店主人相信，這娃娃有靈魂存在，很可能會嚇到人，或是夜晚自行活動，因此部分旅館就特別聲明，拒絕旅客帶著 Luk Thep 一起入住。其中一家位於泰國的中式旅館，就在其官網上註明，不歡迎帶著 Luk Thep 的旅客。

因旅館主人曾受到此類事件的困擾，包括半夜可以聽到小孩的哭聲，但當天沒有旅客帶小孩入住、在空無一人的木板走廊上，可以聽見清楚的跑步聲，旅館主人察看時，發現有小腳印、甚至有些旅客的小孩，曾被嚇哭過。據傳言，有一個事件讓旅館主人做出關鍵性決定，在一天夜裡，旅館主人聽到某個房間有小孩哭鬧聲，當時是有旅客帶小孩入住，所以他不以為意，但哭聲越來越大，且越來越久時，為了不吵到其他旅客，他不得不親自去察看。

當他走到哭聲傳出的房間門外時，見到房門沒關閉，他往裡面一看，發現一名女性在餵娃娃吃飯，但娃娃不斷地發出哭聲。

這名女性似乎不耐煩了起來，將此娃娃拿起來往門外丟，頓時娃娃哭聲沒了。旅館老板以為裡面有電池之類的，可能是摔壞了，但他拿起來看時，發現娃娃身體裡面沒有電池，僅是普通的填充玩具，當他還在納悶時，他見到娃娃似乎對他笑了一下。他被嚇到把娃娃扔在地上，迅速逃離現場。自此，他就不歡迎旅客帶著 Luk Thep 一起入住。 ▊

神祕的傑米森家人死亡案件
The Case of the Jamison family Deaths

▌2009 年時，美國出現一宗無法解釋的死亡案件。傑米森一家三口突然失蹤，僅留下一個已成年，但未居住在一起的兒子。數年後警方再找到三人時，早已剩下一堆白骨，詭異的是，屍體旁的汽車內，居然留有三萬二千美元現金、汽車鑰匙，還有一隻奄奄一息的狗，這顯然不是謀財害命，且他們平時社交良好，沒有樹敵。美國警方在苦無頭緒下，除了調查是否跟毒品、自殺等事件有關外，也很罕見地開始朝女巫、靈異或神祕力量事件等方面查詢，由於美國警方一向追求科學證據，因此朝未知的神祕力量方向偵辦，顯示此案情非常離奇。

2009 年，巴比（Bobby Dale Jamison）、雪爾琳（Sherilynn Leighann Jamison）與六歲女兒瑪黛森（Madyson Stormy Star Jamison）突然人間蒸發，當他們兒子感覺不對勁後，趕緊報警。當時警長與 FBI 雖出動了超過 100 名員警、警犬，搜遍了整個城市所有角落，但仍一無所獲。然而在四年後，在奧克拉荷馬的一座山裡，發現三人的骨骸。

三人的死狀甚是詭異，每個人的臉朝下陷入土裡，屍體並排在一起，似乎是被行刑式處決，但身上卻又未發現任何傷痕，且他們的財物也未遺失，這讓警方感到非常疑惑。由於這家人平常生活單純，親戚朋友往來也很頻繁，因此到底是誰殺了這三人，

又為何殺了他們，一直到今天，三人雖已安葬於墓園，但警方仍未有任何頭緒。

不過傑米森夫婦的部分親友們，卻對警方說明他們生前遇到非常恐怖的事。親友們說在傑米森夫婦常對他們說家中不斷出現靈異現象，甚至常會見到成群的鬼魂在家中遊蕩，夫婦兩人偶爾會被鬼魂附身，做出一些非常人的行為，例如夫婦兩人面向牆角站著數小時，甚至六歲的女兒有時會瞪著天花板，然後對著天花板唸唸有詞，接著嚎啕大哭，說有成群的大人們圍著她，口氣很壞地指責她佔據這些鬼魂的家。

在傑米森一家三口消失後，警方大肆搜索他們的家，發現幾個可怕的事情。首先發現古老的撒旦祭壇，再來就是找到女巫用的撒旦聖經，最後警方在他們院子見到一個寫著希伯來文與英文的貨櫃屋。奇怪的是，就連向來彪悍的美國警方也不敢進去這個貨櫃屋，因為他們一接近貨櫃屋，全身寒毛必定豎起。貨櫃屋上面的其中一段話「殺死三隻貓，可換來這塊土地」似乎是咒語的其中一段，於是他們找來驅魔師，但驅魔師在進行淨化儀式後，也束手無策，只警告警察不可打開貨櫃屋。

雖然整件事似乎朝靈異案件方面發展，但他們的兒子確堅信父母與妹妹是被人謀殺，再加上他們的朋友給了些線索，讓警方的偵辦方向再度陷入迷團，將整個案情在女巫、鬼魂、謀殺之間打轉。

在提到警方偵辦謀殺案之前，先談一下有著女巫印記的貨櫃屋。雖然驅魔師告知警方不可打開貨櫃門，但警察職責所在，不得不硬著頭皮繼續調查，於是找了兩個沒有宗教信仰的警察打開貨櫃門，查看裡面到底有些什麼恐怖之處。

雖然外面是中午豔陽高照時，但裡面卻跟一般悶熱的貨櫃屋不同，在警察打開後，一陣涼風從內部竄出。兩名警察同時拿起手電筒看，見到的是一個古老的祭壇。有印地安原住民的警察認為，這有點像是早期印地安人作法用的祭壇，上面還有一本類似聖經的書，裡面充滿著盛讚魔鬼的文字，警方稱為惡魔聖經（一說是撒旦聖經）。

在貨櫃屋內，雖除了祭壇外，還多了一段英文字，寫著「殺了這三隻黑貓，我們討厭黑貓」，警方將貨櫃屋外的英文字重組，似乎整句話是「殺了了這三隻黑貓，我們討厭黑貓，因為牠們侵佔我們土地」。雖然警方認為是有人惡作劇，但實際上，在打開貨櫃屋後，傑米森的家出現一些異狀。

首先是他們的兒子在家中，經常見到一些穿著黑色長袍女人的身影，在走廊及房間來回穿梭著。接著雪爾琳的媽媽到他們家時，會聽見一個類似她女兒的女人聲音，在她耳邊輕聲說「女巫來了」。最為詭異的一次是，他們的兒子有一次單獨在家中，坐在客廳沙發看電視時，房子突然停電，在他身後突然出現一群人吟誦經書的聲音，他嚇到全身僵硬地坐在椅子上，久久無法動彈，經過一段時間後，屋內電力才恢復正常。

傑米森家族人員懷疑，他們根本就是被屋內的鬼魂附身，然後自行到深山裡自殺，讓屋內的鬼魂能夠永久居住，因為家族人員透露，傑米森一家曾找人來驅魔，但效果不大，驅魔師也勸他們離開，只是還未有行動前，這一家三口已經死亡。

警方辦案的方向，除了朝仇殺、情殺、毒品等各式各樣的謀殺方向偵辦外，雪爾琳的朋友妮奇也向警方透露，有一個被稱為白騎士聯合的末日教派，曾與這家人有過節，而貨櫃屋裡的惡魔聖經與古印地安祭壇，也被懷疑是白騎士搭建，並聯合進行某種神祕儀式。妮奇甚至懷疑，當傑米森夫婦想處理掉貨櫃屋時，被白騎士聯合帶到深山裡進行血祭。

令人感到不解的是，發現傑米森三口屍體的這座山，當地人視為最危險的魔山，但如果三人是被謀殺的，兇嫌如何帶著三人攀山越嶺進行處決，又不取走他們的汽車或財物。如果是仇殺，為何又會放過他們的兒子，不在日後將他一併滅口。且一向以科學為主的美國警方，為何又會朝靈異事件的方向偵辦，這些要點，讓這案件顯得更無法解釋。無獨有偶，另一個案件與此案非常雷同，常被美國人拿來與此案相提並論，也就是麥克史戴（The McStay family）一家死亡案件。

麥克史戴一家謀殺案與傑米森的案件同樣詭異，常被美國人拿來相提並論。兩家人都是突然地神祕失蹤，接著數年後，找到屍體。稍微不同的是，這家人遭受非常恐怖的虐殺，兇手使用大鐵鎚將四人逐一擊殺致死，但一直無法找到真兇，雖然美國警方

認為麥克史戴的生意夥伴有非常大的嫌疑，但始終找不到罪證將他定案，目前案子還在審理中。

2010 年 2 月，麥克史戴一家最後一次出現的身影，是在鄰居家的監控攝影機裡，當時似乎是全家人要出遊，但影片顯示，停在他們家門前的車輛，則不屬於他們原本的鈴木牌汽車，是一台鄰居們從未見過的車輛；自此之後，這一家人完全失去了音訊。

過了幾天，麥克史戴的親人在聯絡不上他們後，打去警局報警，甚至他的哥哥破窗進入他們的家，但卻什麼都沒發現，只見到有一盒準備好的生蛋，似乎要開始煮早餐，而小孩的點心則放在桌上，還未開始吃。另外也發現他們養的狗，因無人餵食，奄奄一息。這些情況顯示，他們應是突然出門，而非事前有準備。

此案件發生後，罕見地在美國幾個專門報導懸案的節目同時出現，甚至成為知名雜誌 People 的封面故事，短時間成為震撼全美的知名人懸案。全國警察盡力搜索，但因為麥克史戴家庭生活單純，平常沒有和人結怨，且並非富豪，因此根本沒有頭緒，到底是誰下的毒手。

當時謠言甚起，有些人爆料，這家人是因故逃到或移民墨西哥。有些人更是大膽假設，這家人去墨西哥時，被外星人給抓走，媒體更是往靈異事件方面報導。直到 2013 年，一位機車騎士在維克多山谷的一處沙漠騎車時，突然見到幾個人骨埋在沙漠裡，警方在確認後，至此才宣布四人的屍體已被尋獲。

警方依照屍體的傷痕判斷，麥克史戴夫婦與四歲及三歲的兩名小孩，都是被大鐵鎚活活打死，且在打死前，似乎進行一些恐怖的酷刑，顯示兇手的手段極為殘酷。然而至此，警方又陷入另一個謎團，兇手到底是誰？由於這家人的生活圈與交友圈都非常單純，又沒有犯罪前科，更無財務糾紛，因此警方對追緝兇手是全無頭緒。

　　直到 2014 年，警方認為麥克史戴的生意夥伴查斯梅利耶特是兇手，並將他拘捕後，警方對此案才鬆一口氣，但此次的拘捕又有很大的漏洞。警方拘捕的理由是，查斯因賭債，向麥克史戴借三萬美元，接著麥克史戴想要開除他。接著查斯在被偵查時，告訴警方他很不喜歡麥克史戴。查斯曾想利用軟體 Quickbook 竄改麥克史戴的銀行存款，這令警方認為他是為了錢而殺人。不過查斯辯護律師認為，要綁架一家四口，以查斯一個人的能力，根本不可能，絕對是一個集團所為，且這些都是警方片面之詞，就算查斯多討厭麥克史戴，也沒必要對全家人下這麼恐怖的毒手，警方是為了要快點結案，所以將一切歸罪於查斯。由於目前罪證不足，因此目前查斯仍被審理中，一旦查斯無罪開釋，麥克戴斯案件的真相恐怕將永遠石沉大海。▌

神祕的鬼船

▍近期有兩位捕魚人發現一艘鬼船在菲律賓外海漂流，當兩人踏上鬼船時，見到一名已成為木乃伊的德國航海員曼佛瑞得巴久拉特（Manfred Bajorat），趴在桌上，姿勢顯示似乎正在想辦法求救。

　　船難事件常常發生，但這次的事件非常詭異，首先，有目擊證人指出，最後一次見到曼佛瑞得是在 2009 年，但他的朋友則對媒體說 2015 年是最後一次見到他，因為他在媒體上，公開慶祝他 59 歲的生日。其次是他在船上的死亡姿勢，似乎是在不知情的狀況下突然死亡，有些人猜他是心臟病突發，但他的朋友認為，依照他的身體狀況，應不致於有心臟病突發的可能。最後就是朝他殺方面設想，但辦案人員上船檢查後，並未發現任何有第二者在場的痕跡，甚至死者身上連打鬥或被兇器殺害的傷痕都沒有。基於這些理由，於是有些人開始推測，他應是受到非人為與非自然因素的傷害致死。

　　另外，船艙內有著他寫詩給前妻的手寫稿，及部分他跟家人的照片，但這些東西看起來並沒有任何特異之處。在船的表面有一些暴風雨打過的痕跡，他的朋友認為，依照他豐富的航海知識，不可能會駛向暴風雨的海面，必定是在他死後，這艘船自動航向暴風雨區。

然而，問題來了，經過強大的暴風雨侵襲，這艘船仍未沉下或被浪打翻，反而飄浮到菲律賓海域，且海水並未進到船艙，讓他的屍體免於海水浸泡。不過最讓人不解的是，在大海的朝濕環境下，特別是經過暴風雨，又遇到大太陽，濕氣理應是特別重，但他的屍體卻反道其行，不但沒腐化或被細菌吞噬，反而進一步成為木乃伊。這也是另一個匪夷所思的點。

這艘船同時也是他開了二十年的老伙伴，有些人就認為，曼佛瑞得死後的情況，與海上的一些傳說有很大關聯性。雖然他的友人堅稱在一年前見過他，但實際上，他已經消失在大眾面前許久，由於他也算是小有名氣的航海家，因此他的失蹤，在當時引起一陣騷動。依照他友人的說法，當時見到他的不知是活人或是歸來的靈魂。

同時，他死在被他視為夥伴的船上面，雖然死因不明，但這艘船似乎有靈魂似地保護著它的主人，即使被暴風雨吹打，甚至有被雷擊中的痕跡在，但它還是想辦法不讓海水浸到主人身，最奇特的是，海浪再大，也不會讓曼佛瑞得倒下去，仍讓他直挺挺地坐在船艙裡。然而，這艘船在曼佛瑞得被抬出後，便翻了過去，這些捕魚人認為，這艘船在完成任務後，它的靈魂跟著主人一起升天了。▌

歐海爾豪宅的粉紅女鬼事件
The Ghost of The Pink Lady

▌在美國印地那州綠堡市的歐海爾豪宅（O'Hare mansion）中，曾出現過知名粉紅女鬼事件，也由於這件事撼動整個印地安那州，當地電視台特地開闢特別節目報導。當時在保守的印地安那州就此事分為兩派，一派認為此事真實性有待考驗，但另一派認為歐海爾豪宅的確存在著恐怖的厲鬼。在兩派吵得不可開交之際，電視台派員與調查此靈異事件的男子蓋溫特斯，一起在房子裡拍攝，卻拍到該電視台開台以來，最驚駭的畫面，致使此豪宅最後被夷為平地。

由於歐海爾豪宅的主人，對蓋溫特斯（Guy Winters）說，他跟女友常碰到一些靈異事件，認為裡面一定有鬼魂在作亂，但又不知道鬼魂是何來歷，因此想要請蓋溫特斯調查一番。蓋溫特斯是一名喜好追逐靈異事件的研究者，他與好友泰瑞組了一個團隊，專門探訪全球各地的靈異地點。他在聽到這件事後，便決定與泰瑞帶著團隊與攝影器材，住進歐海爾豪宅，找出鬼魂存在的證據，殊不知，恐怖與恐懼在等待著他們。

豪宅主人告知蓋溫特斯，他在跟女友睡覺時，常會感覺有人會在半夜爬上床，躺在他跟女友中間。雖然他們兩人被嚇醒好幾次，但卻不敢回頭看，在忍受幾個晚上後，他們放棄睡在主臥房內，改睡在客廳的沙發上，然而情況卻更為恐怖。有一次他們

也是睡到半夜，在寂靜的夜裡，突然傳出一個淒厲的女性尖叫聲，彷彿一名女子在遭受恐怖的極刑一般。也因為這這叫聲非常恐怖、尖銳，讓身處在客廳的兩人抱在一起，顫抖不已地坐在沙發，一直到太陽升起都不敢睡覺。

這恐怖的尖叫聲是壓垮他們的最後一根稻草，此時他們已決定搬出去，不願再回到這個猛鬼豪宅，也是在此時，他們接觸到蓋溫特斯團隊。豪宅主人同意讓蓋溫特斯團隊無限期進駐到這個豪宅，並允許他們在合法的範圍內，任意行動。

這棟豪宅佔地非常大，從道路旁花園入口的大門進去，還要開數分鐘的車才抵達豪宅。當蓋溫特斯團隊進駐豪宅後，陸續將攝影器材架設在各房間，特別是發生最多靈異事件的主臥房與客廳。蓋溫特斯團隊一行五人，在設置完畢後，決定分開在各房間過夜，其中經歷過多次靈異事件的蓋溫特斯與泰瑞，決定分別睡在主臥室與客廳。

第一晚過去，五人都沒有事。他們將每個房間的影片倒回去監看，也沒有什麼特別的狀況發生，於是繼續待在各自的房間，再度過幾個晚上看看。此後的連續四個晚上，都沒有靈異事件發生。於是有人就開始質疑，是否豪宅主人的精神出了問題，蓋溫特斯與泰瑞也開始認為，這整起事件應該是豪宅主人過於神經質，但因為主人讓他們無限期居住，於是他們決定再住兩個晚上，假如沒有事情發生，就馬上停止任務，將此事件結案。不過就在第六晚，他們開始有了狀況。

在第六晚，每個人仍舊睡在他們各自的房間內。首先，其他三人各自在房間內，聽到不同的哭泣聲，接著蓋溫特斯躺在床上睡著時，感覺有人一直站在床邊看著他，但他睜開眼睛時，卻什麼都看不到。泰瑞則在客廳睡時，一直聽到有小孩子在客廳跑來跑去的聲音，他感到非常詭異，明明豪宅沒有小孩，但怎麼會有小孩子的吵鬧聲。

由於五人同時被不同的靈異事件騷擾著，除了蓋溫特斯外，其他三人受不了這恐怖狀況的延續，紛紛到了客廳和泰瑞待在一起。不過當四人共同在客廳時，突然傳來一陣女性淒厲的尖叫聲。三人嚇到抱在一起發抖，連見過大場面的泰瑞，寒毛也不禁跟著豎了起來。

蓋溫特斯則是躺在床上時，一直感覺有一些物體在注視著他，只是他完全看不到，但壓迫感使他感覺非常不舒服。突然間，他房間的攝影機架倒了下來，他立刻去扶了起來，只是當他回到床邊時，攝影機架又倒了下來，一連數次都是這樣。他乾脆帶著攝影機，到客廳找泰瑞。

當他到了客廳時，見到一群人擠在一起，心裡知道大事不妙，因為這些人都是有經驗的工作人員，如不是太恐怖的事發生，這些人是不會顯得這麼害怕。不過到底是他和泰瑞膽子比較大一點，於是和泰瑞商量，趁著靈異力量非常明顯時，兩人帶著相機與腳架到豪宅的各角落拍照。

蓋溫特斯與泰瑞一起走到豪宅的陰暗之處，包括地窖，雖然一路隱約聽到一些男性、女性甚至小孩的尖叫聲，但兩人仍繼續拿著相機與腳架到處拍照。當他們到了主臥室時，發現裡面有非常大的壓迫感，甚至兩人的身體感到非常不適，蓋溫特斯感到頭非常痛，泰瑞則是肚子像是被某些物體一直搥打般地疼痛。

　　兩人以過去經驗判斷，這間主臥室大概是鬧鬼最兇悍的地方，於是忍著身體的疼痛，架好相機與腳架，進行拍照。過了約十分鐘，兩人身體實在承受不住了，便退回到客廳，並與其他工作人員商量，今晚先撤出豪宅，等白天再來取攝影器材。

　　到了中午，原本蓋溫特斯與泰瑞要與另外三名工作人員，一起到豪宅拿取攝影機，但另外三名工作人員實在太過害怕，因此不跟隨著他們過去。當兩人走進豪宅時，雖外面是酷熱的豔陽天，但豪宅內部卻是異常寒冷。蓋溫特斯與泰瑞迅速地到各房間查看，赫然發現，每個房間的攝影機全都東倒西歪，兩人為免節外生枝，儘快地將各房間的攝影器收拾後，離開了豪宅。

　　當他們回到工作室，監看攝影機的內容時，發現大部分的影片只錄到前五晚的畫面，第六晚的畫面像是被刪除一般，完全一片漆黑。蓋溫特斯在播放最後一卷主臥室的影片時，前五晚的畫面已是模糊不清，然而播到第六晚時，卻發生令人驚悚的畫面。

　　首先，見到蓋溫特斯躺在床上，過了不久，一道白色的形體飄到他的床邊，在他床邊停了下來，接著第二道白色形體也飄

到他的床邊，一樣停了下來。不到數秒時間，一群白色形體圍著他的床，似乎在看著他睡覺。這時突然畫面出現一張疑似女人的臉，張著黑色的大口，用兩個深黑的眼眶直視著鏡頭約三秒鐘，攝影機便倒了下來。包括蓋溫特斯與泰瑞在內的現場所有工作人員全都嚇傻了，兩人決定將此事告知電視台，讓電視台的靈異節目一起來進行調查。

由於蓋溫特斯與他的團隊在當地的靈異圈有點名氣，因此他在歐海爾豪宅遇到的靈異事件，傳遍當地的研究靈異事件團體。蓋溫特斯甚至告知當地的地方電視台，希望媒體能夠報導及調查此事件。不過由於拍到的女鬼影像實在太過清晰，當地的地方電視台反而認為這些照片是重複曝光所致，根本沒有什麼女鬼，甚至有些地方電視台認為蓋溫特斯等人造假。

有一家地方電視台將蓋溫特斯的底片拿去研究，並經過多重驗證與測試，發現這些影像在底片就存在，意即並非重複曝光所造成。電視台工作人員對此結果感到非常驚訝，因為很少見到如此清晰的照片，連拍攝鬼魂影片經驗豐富的靈異節目主持人與靈媒，都不禁認為，如不是這個女鬼所發出的能量過於強大，以一般的攝影器材，是不可能照得這麼清楚。

電視台甚至特地調查這個女鬼的來歷，當然有人繪聲繪影在傳，這棟豪宅所在地原本是一座森林，並且是女巫集會場所。這在早期美國中部是很常見的事，當時女巫、人皮獸或是一些巫術的傳說，都是人們口耳相傳的故事，因此這件事與女巫牽扯上，

並不令人意外。然而，電視台認為這件事並非與女巫有關，而是有關於末日教派。

在當時美國中部的部分地區非常封閉，當地人信奉一些惡靈為神，並成立末日教派，其中有些教派就用活人祭祀。據電視台調查結果，發現這棟豪宅的前身是一個末日教派的場所，並用一些年輕女子或小孩，當作惡靈的祭物。這些祭物會先被關在地牢，讓他們幾天沒食物吃，餓到沒力氣哭喊或反抗時，再進行血祭，也就是將他們綁在十字架上，先用竹竿將他們刺到流血，等血流盡後，再將他們活活燒死。

蓋溫特斯在得知這些調查報告後，深信這些人的靈魂死後仍留在豪宅內，又因豪宅的格局設計異常複雜，因此這些靈魂被困在裡面，無法升天。當然這只是傳說之一，也有的傳說是說豪宅原來有女主人，但不知為何死在裡面，因此鬼魂常在徘徊，總之眾說紛紜。

這件事傳到美國知名的 ABC 電視台，當時 ABC 電視台有個全國性的靈異節目，專門報導全國的靈異事件，而轟動一時的粉紅女鬼的故事，當然被此節目當成一系列專題來報導。這節目採用一些設備來偵測蓋溫特斯的影片與照片，發現疑似有照到鬼魂的片段，出現一些能量反應，顯示雖然鬼魂看得不是很清楚，但的確是有某些有能量的物體飄在空中，甚至在豪宅裡一直徘徊。

不過詭異的是，就在 ABC 電視台要進一步調查時，也就是

成為全國矚目的事件時，這個節目突然停播，與此同時，歐海爾豪宅突然被主人拆除，而拆除的原因不明，背後是否有什麼故事，一直到今天都無法得知。更令人訝異的是，蓋溫特斯與泰瑞隨後也解散了團隊，再也不調查靈異事件，蓋溫特斯更改行當攝影師，泰瑞則經營一家肉品店。雖然兩人未說明為何解散團隊，但當時幾乎所有證據都被銷毀，而蓋溫特斯僅留下一張粉紅女鬼的照片，以及部分影片片段。▎

史丹利旅館的黑衣女子
The Stanley Hotel

▋位於美國科羅拉多州的洛磯山腳下的史丹利旅館，是美國最有名的靈異旅館之一，就算沒排在前五名，十名以內一定有這間旅館的位子。最近一次發生靈異事件的案例，就是有一位旅客在拍大廳的樓梯後，出現許多靈異現象。這名旅客對於大廳的樓梯感到非常喜愛，於是拿起相機拍照，但他有個習慣，就是拍照時，不喜歡有任何人入鏡，所以他等到所有人都離開樓梯，現場清空後，他才拿起相機拍攝。

然而，他在拍完數張照片，回到房間後，感到心神不寧，似乎有人跟在他的身後，一起進到了房間，但他卻看不到半個人影。當他半夜睡著後，突然被一道聲音驚醒。他感覺到有一名女子坐在他的床邊，在他身後一邊喊著他的名字，一邊摸著他的背。由於這感覺太過於真實，因此他一點也不懷疑這是在作夢，然而他再也無法入睡了。

他一直不敢轉頭看到底是怎麼一回事，於是就這樣一直撐到了清晨。當陽光照射進屋內後，他突然感覺到背後的沉重感消失了，於是趕緊打包行李，離開這個令他度過一個驚悚夜晚的房間，並要求服務生換一間新的房間給他。他到了新房間後，整理他的照片時，突然發現原本沒有人的大廳樓梯，多了一名黑衣女子，旁邊似乎有個小孩站在樓梯扶手上。他當場嚇到說不出話

來，雖然他聽過這間旅館是美國有名的靈異旅館之一，但鬼魂非常明顯地出現在他的照片上，他還是第一次見到。事實上，他照到的這名黑衣女子，與這間旅館的一個傳說有關。

史丹利旅館於 1903 年成立，這名女房客在成立不久後，入住這間旅館。她當時帶著小孩從美國東岸過來，要找她的丈夫。由於 18 世紀中至 19 世紀初，美國掀起一片淘金熱，因此吸引許多人從東岸或其他國家來到美國淘金，這名黑衣女子的丈夫也為了趕上這股淘金潮，離開家人從美國東岸過來。最初幾個月，女子的丈夫還有寄信回家，但後來卻音訊全無。

她直覺地認為丈夫一定發生了什麼事，於是毅然決然帶著出生不久的小孩，一起到科羅拉多州，找尋她丈夫的下落。當她入住史丹利旅館時，不時地向來往的住客打聽丈夫的消息，但沒有一個人知道她丈夫的下落。有一日，她在旅館外行走時，突然見到一個很像她丈夫身影的人，她立即上前抓著他的手，不斷地叫丈夫的名字。可惜這人並不是她的丈夫，但她一直抓著這人不放，似乎是發瘋了一樣。一直到員警經過好言勸她後，她才放手開始放聲大哭。

雖然有些路人很同情她，但卻不知如何幫她。這時有名中年男子聽到她的哭喊聲，於是走上前去，跟她說他是她丈夫的同事，因為幾個月前，礦坑坍塌，有許多工人死在裡面，她的丈夫就是其中一位工人。這名女子聽了之後，當場昏倒在地上。

爾後，員警與眾人將她送回旅館，並替她籌措回家的旅費，只是在她得知丈夫死亡消息的第二日，旅館服務生要整理房間時，發現這名女子全身穿著黑色衣服與小孩躺在床上，一動也不動。服務生上前看時，發現兩人都已斷氣，嚇得趕緊報警。詭異的是，當法醫來驗屍時，並未找到任何自殺或他殺的跡象，兩人像是心臟衰竭死亡。旅館主人將母子兩人葬在附近的墓園，但這名黑衣女子似乎不知道她已死亡，一個世紀以來，仍然帶著她的小孩，在旅館內穿梭著，不斷地尋找她的丈夫。

　　除了黑衣女子外，還有幾個靈異事件是和史丹利旅館有關。其中旅館的第一任主人富里連史丹利（Freelan Stanley）和他的太太 Flova Stanley 的鬼魂仍住在這間旅館裡，不願意離開。有部分知道富里連史丹利的旅客，就曾見到他和太太的鬼魂在大廳裡出沒，甚至在娛樂室和辦公室，也曾有人見到他們的身影。這是由於富里連史丹利對這裡有很深的情感，因此有員工曾見過他穿著古老正式的西裝到辦公室，似乎仍很關心這間旅館的營運狀況。

　　這旅館的鬼魂非常多，每隔一段時間，就會傳出旅客遇到各式各樣的靈異事件。其中鬧鬼比較嚴重的是 407 室、217 室、418 室等這幾個房間。旅館的主管曾聽到旅客抱怨 407 室常出現騷靈事件，他們的衣服會無故被抓破、半夜會聽到一些恐怖的尖叫聲，更可怕的是，有時他們聽到窗外有著敲擊聲，當他們打開窗簾時，會見到一個鬼魂的臉貼在窗戶上，接著就消失無蹤。

　　這旅館的主管為了要證明 407 室是否真的有騷靈事件，於

是他親自住在裡面幾晚。前兩個晚上，都很平靜地度過，但到了第三晚，他在半夜睡覺時，突然聽到女子在唱歌的聲音。他急忙起身，打開床頭燈看了看四週，並未發現任何人。他坐在床上許久，並未再聽到歌聲後，於是再度熄燈，倒頭繼續睡。大約過了數分鐘，他又聽到女子的歌聲，這次他不開燈，直接從床上跳起來，看到底是怎麼回事。只是這次他還是沒有見到任何人，但就當他準備要回到床上時，耳邊突然出現了清楚的歌聲，彷彿就像有人在他耳朵旁邊唱歌一樣，非常清楚。他嚇得不敢轉頭，直接往後跳上床，用棉被蒙起頭，度過了一個驚恐的夜晚。

有關於 217 室的傳說，最有名的是美國恐怖小說大文豪史帝芬金為了尋找靈感，曾住在這間著名的靈異房間。1911 年，一名女服務生在整理這房間時，房裡的瓦斯管突然裂了開來，造成瓦斯大量外洩，女服務生因此差點喪命，靈異之事也自此發生。房間門常會自動打開或關上，甚至有時房間所有燈會自動打開或熄滅。據說史帝芬金在寫作時，碰到許多靈異事件，雖然一般人會感到害怕，但他卻一點也不畏懼，反而有了更多的寫作靈感。

至於 418 室，則是有孩童的鬼魂出沒。住在這房間的旅客，常常會在半夜聽到小孩的嬉鬧聲，甚至一群小孩跑動的聲音。據傳說，過去有一些帶著小孩來此淘金的旅客，因旅費用盡，不得不將小孩子丟下，自己一個人逃走。而這些小孩在無人照料下，常常餓死在街頭。由於小孩的死亡數量越來越多，政府需要處理小孩的屍體，在當時法治起不了什麼作用下，當地百姓就將小孩屍體堆積在旅館下的下水道中。

久而久之，孩童的鬼魂就住進了旅館。因 418 室的佈置受到一般小孩的喜愛，也同時吸引到這些死去小孩的鬼魂聚集在 418 室。只要住進 418 室，就有很大的機會聽見孩童的鬼魂在嬉戲的聲音，甚至有些旅客見過這些孩童的靈魂出沒。

　　一直以來，史丹利旅館盡量避免分發這些嚴重鬧鬼的房間給旅客居住，但客滿時，如旅客執意要住進這幾間房間，旅館都會事先告知旅客有關於這些房間的靈異事件。最特別的是，有一些旅客是特地來此靈探，常主動告知旅館人員要住進這幾間知名的房間。由於史丹利旅館的靈異事件過於出名，目前旅館還特地提供了靈異探險團的組隊服務，旅館人員會帶領參加的民眾，夜探幾個知名的靈異景點，包括地窖、下水道等。▌

▲ 亡靈環繞的史丹利旅館

藏在衣櫃裡的鬼魂

▍在美國有一個俄亥俄州鬼魂獵人協會（Ohio Ghost Hunters），曾經在一名委託者的家中，拍攝到衣櫃裡的鬼魂。這名委託人是一名婦女，她告知協會工作人員，當全家人離開家時，她小孩房間的衣櫃門常會無故地被打開，起初她以為是小孩忘了關上衣櫃門。然而，她在出門前會再檢查一遍小孩房間的衣櫃門是否有關上，就算檢查得非常仔細，但她一回到家，又發現衣櫃門被打開。過沒多久，小孩告訴她，每當睡到半夜時，關上的衣櫃門又會自動打開，並常看到有人在衣櫃一直看著他。

　　這名婦女仍半信半疑，於是找幾個晚上睡在小孩房間內。她睡前會檢查幾次衣櫃門是否關好，甚至她還鎖上，但在一週後的晚上，她一躺到小孩的床時，突然見到剛鎖好的衣櫃門自動地打開了。這時房間只亮著床頭燈，她往衣櫃看去，只見到一名女子在衣櫃裡回望著她。她被眼前的情況嚇到無法動彈，一直過了數分鐘，她的小孩叫了她幾聲，她才回過神來。此時，她趕緊抱著小孩往房間外跑去，許久都不敢在半夜回到小孩房間。

　　過了一段時間，她委託俄亥俄州鬼魂獵人協會到她家進行調查。當協會人員在小孩房間架設好攝影機後，連續幾個晚上讓錄影進行攝影。就在一週後，這錄影機錄到一個恐怖的影像。在半夜中，這房間的衣櫃門突然地自動打開一個細縫，透過細縫，可

以非常清楚地見到一名婦女，戴著頭巾，站在衣櫃裡，面無表情地望著攝影機。大約幾秒鐘後，這名婦女消失不見。

這整個影像被清楚地拍了下來，協會人員對此影像找不到任何正常的解釋，認為衣櫃裡的確藏了一名女性鬼魂，只要間隔一段時間，她就會打開衣櫃門，瞪著睡在房間的人。

事實上，美國就發生多起衣櫃裡的鬼魂事件。有些人是在睡夢中，突然出現睡眠癱瘓症，在症狀發生的同時，許多人都見到衣櫃門被打開了一條縫，裡面出現一雙眼睛瞪著他們，這跟影人的情況很像。

影人與睡眠癱瘓症是許多人都有的經驗，睡眠癱瘓症又稱為鬼壓床，當睡到一半時，會感覺到整個人是醒著的狀態，但身體卻不能動，且有時會出現感覺好像瀕臨死亡的狀態。

影人就更可怕了，當睡眠癱瘓症出現時，會見到一個或數個黑影靠過來，甚至有些人在清醒狀態，也可以見到影人的出現，有人認為影人是外星人或鬼魂，也有人認為，影人是某些國家軍方所研發出來的特殊人類。

雖然除了影人外，衣櫃裡的鬼魂也是睡眠癱瘓症的產物之一，但在某些情況下，就算沒有出現睡眠癱瘓症，也會見到衣櫃裡的鬼魂。有一些都市傳說提到，在美國中部某些城市，因過去有女巫出沒，這些女巫專門在一些她們討厭的人的家裡衣櫃，留

下黑魔法陣，當這些人的家人死亡後，靈魂被這些黑魔法陣困住，因此無法離開這個家，甚至連衣櫃都無法離開，讓這些鬼魂繼續在人間徘徊，無法到達另一個世界。▌

藏在衣櫃裡的鬼魂影片

詛咒之心的記憶

人體器官是否帶有記憶，可以將一個人的個性複製到另一個人的身上，一直是各界討論的話題，美國就曾發生過詛咒之心事件，一位自殺的男子，將他的心臟捐出來，移植到另一位男子的身上，且這位接受捐贈的男子，居然和這位捐贈者的太太結婚，更恐怖的是，他最後也是以自殺收場，似乎完全接收心臟捐贈者的人格。較令人驚訝的是，第二位自殺男子的心臟又再度被捐出來，準備移植到第三個人的身上了。

第一位自殺的男子叫泰瑞寇特，他死的時候，曾填過器官捐贈卡，因此他的心臟被取出來，移植到一位桑尼葛拉漢的男子身上。泰瑞是拿著槍往自己的頭扣扳機，但心臟是完好無缺的，當時桑尼因意外瀕臨死亡，因此接受換心手術。原本捐贈者的名字應該不能被公開，至少不能讓受贈者知道，但替桑尼動手術的醫院卻私下告知他，因為桑尼想要寫個感謝函給捐贈者的家屬。

桑尼寫信向泰瑞的太太雪柔致謝，而雪柔自此之後，跟他頻繁地書信往來。沒多久，雪柔跟桑尼約出來見面。當雪柔見到桑尼時，感覺彷彿泰瑞再世，她甚至懷疑，泰瑞的靈魂寄住在桑尼的身體裡，因此兩人很快地墜入愛河，接著就結婚，並和雪柔與前夫的四個小孩一起居住。兩人一起生活時，雪柔發現泰瑞以前做的事，桑尼也會跟著做；泰瑞有的習慣，桑尼也有，漸漸地，

兩人除了外表不同外，所有行為模式幾乎是一模一樣。

　　雪柔非常擔心泰瑞的事會重演，於是去找了一些學者，想要知道是否有靈魂寄宿一事。然而學者對她說的話，令她大吃一驚。在這些學者研究過後，發現桑尼的靈魂應該在換心時，早已死去，現在桑尼的身體裡，就是泰瑞。不過雪柔再去問換心的醫生時，醫生對此說法雖不贊同，但也提出相關論點，心臟可以透過細胞的重組，將前一名死者的記憶，轉移到桑尼的身上。

　　當然雪柔也有向靈學家求救，而靈學家對她說的話，跟學者對她說的話是一樣的。換句話說，泰瑞一直在她身邊沒有離開，只是藉著桑尼的身體，跟她在一起。她一方面感到開心，另一方面又很憂心舊事會重演。

　　然而在結婚 12 年後，悲劇出現了。桑尼在家中拿著槍，往自己的頭部射擊自殺。兩人的結局是一模一樣，而桑尼也有填器官捐贈卡，醫生再度將這顆詛咒之心，移植到下一名患者的身上，至於詛咒之心的記憶是否會轉移到下一名被移植者的身上，這就有待觀察了。▌

曼非斯大學圖書館的鬼魂

曼非斯位於田納西州，這州有名的是貝爾女巫與血腥瑪麗的故事，但鮮為人知的是，知名的曼非斯大學，其實也有一個非常有名的都市傳說，就是圖書館的鬼魂。

這個圖書館的鬼魂傳說，源自於一名女學生，曾在這個圖書館被兇殘地殺害，甚至被分屍，當時警方來調查搜索時，兇手很快就被抓到，是一名住在附近的精神異常男子。由於此女子被分屍後，屍塊被藏在圖書館的各處，警方花了非常多的時間蒐集屍塊，但唯獨雙手一直都找不到，就算翻遍了整個圖書館，仍是徒勞無功。

在這事件經過數年後，有一名學生單獨到圖書館看書時，因為所處的位置非常偏僻，所以鮮少學生會經過。當他唸完書時，發現已經天黑了，圖書館也準備關門了，工作人員開始到處巡視，準備趕人離開。他在收拾包包後，聽見一陣腳步聲靠近。這名學生邊收著包包，邊對著那人說他已經收拾好了，準備離開。

然而，腳步聲仍未停止，他加快腳步，往出口走去時，一名工作人員站在他前面，對他笑了一下。他點點頭示意後，往工作人員方向走去。當工作人員轉過身時，這名學生見到工作人員肩膀掛著兩隻手，他當場嚇暈。日後他說起此事，大家以為他在

開玩笑，完全不以為意，只是越來越多的靈異現象在這圖書館出現，讓曼菲斯大學圖書館鬧鬼的聲名大噪。

圖書館的故事還不止一樁，由於曼菲斯在美國是排名前幾名的犯罪之城，因此謀殺案較其他城市多。曾經有一對學生情侶，因為半夜在校園的圖書館前約會，慘遭虐殺。男學生幸運沒死，但女學生卻被殘忍殺害，而男學生在醫院待了幾天後，回到出事現場拿出手槍，往自己腦袋扣下扳機，當場死亡。

在此事件後，圖書館附近的自殺人數，居然有上升的情況。在這男學生自殺地點，多位學生也是拿著槍往自己腦袋開槍，詭異的是，有些學生平常看起來很正常，也無學業、家庭、感情或健康等問題，人生很順遂，卻不知為何會自殺。不過也有運氣很好的學生，有一位學生經過圖書館時，不知為何，心裡出現非常悲傷的感覺，這個感覺一直跟了他整天。到了第二天，他準備要上學時，突然腦中閃過想要自殺的念頭，於是拿著他爸爸的槍，帶到學校的圖書館前。

當他準備自殺時，剛好一名警察經過，見到他對著太陽穴準備開槍時，即刻衝上前去阻止了他，警察在阻止他的同時，突然聽到了一名男子的尖叫聲，這尖叫聲讓人寒毛豎起、毛骨悚然。幸好這名學生只被槍的聲音嚇到，並未有太大的傷害，總算撿回一命，只是這圖書館的傳說，到現在仍然一直存在。∎

▲ 曼非斯大學的猛鬼圖書館

夜探曼非斯大學
猛鬼圖書館影片之一

夜探曼非斯大學
猛鬼圖書館影片之二

Chapter 4 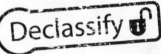 Declassify

神祕計畫

在世界各國中，都有一些不可告人的恐怖計畫，其中又以二次世界大戰前後，到美蘇冷戰時期的一些實驗計畫，最令人驚駭。在駭人計畫裡，最著名的是美國 MKUltra 計畫，由於以美國人民，甚至知名人士作為實驗，因此讓美國政府蒙羞，最後不得不承認，並對實驗的人民進行賠償。

而美國除了在人體實驗外，也曾進行一些不為人知的外星人計畫，除了著名的 51 區外，第六區計畫也是非常神祕，甚至在一個消失的小鎮塔可哈莫中，曾悄悄進行外星人與人類交換的實驗計畫，顯示美國所進行的祕密實驗，不僅僅是在人類身上，甚至也對外星人進行實驗。

在所有實驗計畫中，美國的民間團體也對異世界的靈體，進行一連串的實驗計畫，希望能夠將這個世界與異世界連在一起，或是將異世界的靈體召喚到這個世界。最令人覺得驚悚的是，曾有團體將人的所有感官切斷，目的是為了讓人能夠接觸到神或異世界，雖然最後被實驗的人認為他已見到了神，但也同時失去了生命。這些非人類實驗計畫的存在，也讓人感到非常不可置信。

冷戰太空計畫的亡靈 科馬洛夫的詛咒
Vladimir Komarov

▌在 1960 年代，美蘇兩國冷戰時，不但進行軍備競賽，甚至進行太空競賽；在蘇聯方面，由於失敗率過高，造成不少太空專業人士的犧牲。其中比較詭異的是一名太空人在死前所傳出的詛咒。弗拉基米爾科馬洛夫（Vladimir Komarov）是一名優秀的蘇聯太空人，他是蘇聯史上最偉大的太空人尤里阿列克謝耶維奇加加林（Yuri Alekseyevich Gagarin）的好友。由於他代替了尤里進行死亡任務，因此在失事時，他的最後遺言是對這項任務的所有技術人員下了恐怖的詛咒。事後有人認為，蘇聯的太空任務比美國早成功，但最後卻是大幅落後美國，與此詛咒不無關聯。

科馬洛夫與尤里是非常好的朋友，沒有科馬洛夫的犧牲，尤里就會成為悲劇英雄。1967 年，兩人被蘇聯當局任命為上太空軌道的太空船駕駛員，而兩人都知道，這趟任務非常危險。科馬洛夫甚至跟家人和朋友預言，他極有可能一去不復返，但他還是接下這個任務，因為他如果不執行這死亡任務，尤里就會成為犧牲者。

當時蘇聯發射兩艘太空船到太空中，進行對接任務。科馬洛夫乘坐一號太空船，當天出發，而第二艘太空船則於第二天出發，並搭載兩名太空人。這兩艘太空船將在太空相遇，進行隊員傳接任務。由於尤里與技術人員發現一號太空船有超過兩百個問

題點，假如冒然地上太空，會對太空人造成生命危險。

　　科馬洛夫也同時知道這太空船的危險性，因此他們與技術人員告知上級，他和尤里寫了大篇幅報告給 KGB，然而，因為指揮官想要在紅軍成立五十週年時，完成此偉大任務，向美國展示蘇聯的太空實力，因此罔顧專業人員的反對，逕自進行太空任務。

　　科馬洛夫的朋友問他為何不拒絕這項任務，科馬洛夫聲淚俱下說，如果他拒絕，政府就會找備用人員，而尤里就是那個備用人員，他不想害死尤里。

　　在 1967 年 4 月 23 日當天，一號太空船升空了。尤里在此之前一直試圖遊說高層，不要讓火箭升空，但沒有人聽從他的話。當一號太空船進入了太空軌道時，如預期中的，故障便接二連三的發生，首先是天線壞了，再來就是導航系統與動力系統故障。這些事讓二號太空船在第二天停止升空，並迅速召回科馬洛夫。只是為時已晚悲劇就此發生，科馬洛夫的降落艙墜落太快，導致整個座艙失速。

　　與此同時，美國在土耳其附近的一個間諜基地，居然監聽到科馬洛夫傳來的訊息，他哭著對指揮官說他將要死亡，他不知該如何是好，然而，只換來蘇聯指揮官冷冷地說會追封他為蘇聯英雄。他感到無比絕望，停止了求救，轉而請聽到的人幫他傳達他對妻小的遺言，同時他也要對蘇聯高層、建造此太空船的工程師進行最嚴厲的詛咒。不過後來有人說那段錄音是假的，但真相眾

說紛紜。

最為詭異的是，尤里發現這是高層策劃好的謀殺行動，但動機則不明，只是最後在蘇聯解體後，許多 KGB 檔案曝光。KGB 有如當時的暗網，在一份曝光的檔案中，可以清楚的見到科馬洛夫因為降落艙的失速，導致活生生地燒成焦炭。

順帶一提，1967 年是美蘇兩國太空人死亡最多的一年，美國也因為阿波羅號失事，損失了三名太空人；然而在 1968 年，尤里執行太空任務時，也因失事而死；1969 年，美國阿姆斯壯等人成功登陸月球。■

Takohamo 塔可哈莫實驗計畫
Takohamo Project

▌ 一直以來，有些美國政府的實驗計畫被懷疑是和外星人合作進行，知名的 51 區（Area51），還有道西基地與道西戰爭（The Dulce Battle），都是被一些當時參與的相關人士跳出來揭發。雖然美國政府一直否認其計畫的真實性，但從很多蛛絲馬跡中，甚至是媒體報導或電影演出，都可以看到這些計畫的披露。不過有些計畫則是非常隱密，甚至許多美國人都不知道，其中又以塔可哈莫實驗計畫最為驚悚與詭異。

　　塔可哈莫曾經是美國與加拿大邊境的一個小鎮，但現在卻消失在地圖上，主因在於美國曾在這個小鎮進行一項可怕的實驗，由於美國軍方與外星人在實驗後期起衝突，造成外星人一夜之間，將塔可哈莫小鎮居民全部殺盡。

　　這項實驗計畫與 51 區、道西戰爭一樣，都是由美國軍方主導，然而有另一個說法是，美國雖表面與蘇聯進行冷戰，但實際上，雙方私下就外星人議題有密切的合作，而塔可哈莫實驗計畫就是其中之一。在冷戰時期，美國政府與蘇聯政府開始展開太空競賽，但部分資料顯示，兩國對於外星文化的追求，卻是有著共同的目標，而且在當時，美蘇為世界最大的兩大強權，因此兩者祕密合作，一起探尋地球以外的文明，並不會令人太意外。

當時兩國研究高層認為，由於在世人的眼光下，兩國處於對立狀態，一旦合作，極有可能會遭致雙方支持者的抗議，甚至會影響到全球政治版圖，因此需要低調處理，並計畫於第三國進行此項實驗，鄰近的加拿大便成為首選。

　　根據有關塔可哈莫實驗計畫的資料顯示，1961 年美國軍方與外星人進行了一場極機密的會議上，美國與外星人協議，將三名美國人與三名外星人進行交換，讓三名美國人在地球以外的星球生活，也讓三名外星人在地球生活，並觀察與記錄雙方的生活。由於此一計畫攸關人類能否與外星人進行後續的合作，且需要一筆不小的經費，從技術與費用來說，美國軍方無法單獨因應，因此美國軍方透過特殊管道，聯繫蘇聯政府，雙方就此實驗計畫進行合作，這也是冷戰開始以來，兩大強權首度合作。

　　在實驗祕密地進行了 6 年後，1967 年，外星人再度造訪美蘇軍方，與美蘇談論實驗結果，但在這 6 年內，一名外星人死亡，兩名外星人逃離塔可哈莫小鎮。有研究專家就猜測，這些外星人一定遭受到許多不人道的對待，甚至美蘇軍方在他們身上進行許多恐怖的實驗，例如注射不明藥物、進行耐熱耐冷實驗，將他們放置極熱或極冷的實驗室裡，測試他們的溫度底限，而這些外星人有可能遭到一些肉體與精神上的虐待。

　　外星人認為美蘇軍方對他們有所隱瞞，因此要求美蘇軍方在一年內，務必交出三名外星人，也就是活要見人，死要見屍。美蘇軍方允諾後，開始鋪天蓋地地找出其餘兩名還活著的外星

人。靠著美蘇兩國的情報能力，一個月後，終於找到其中一名代號為 OLSEN-2 的外星人。OLSEN-2 在受到美蘇軍方的實驗虐待後，想盡辦法逃離塔可哈莫小鎮，但在美蘇軍方鋪天蓋地式的尋找下，在一間民房找到他。此時，美蘇軍方再度將他監禁，並二十四小時監控，以防他再逃跑。至於代號 OLSEN-3 的外星人，則是怎麼找都找不到，由於外星人的外貌與人類相同，因此除非 OLSEN-3 主動曝露身分或是行徑怪異，被人民舉報，否則 OLSEN-3 是永遠失蹤了。

在一年後，也就是 1968 年 10 月，外星人再度造訪地球，並與美蘇軍方會面，要求不論死活，都要交出三名外星人。美蘇軍方則謊稱三名外星人全部失蹤，連一點消息都沒有，雖已盡力搜尋，但仍無任何消息。外星人認為美蘇軍方說謊，因此開始攻擊塔可哈莫小鎮的基地，同時也開始屠殺無辜的人民。一連數日，美蘇軍方雖然有抵抗，但當時科技仍未能有效對抗外星人，事實上，這與道西戰爭的前因後果非常類似。

由於當時美國與外星人在道西基地進行實驗，但最後雙方鬧翻，進行了一場道西戰爭，波及許多無辜的人類與外星人。這次的塔可哈莫事件，也讓許多人類死於戰火，在雙方戰爭結束後，美國軍方為了要封鎖此一消息，讓這小鎮的名字永遠消失在地圖上，同時也將這個小鎮夷為平地，並將剩餘的居民軟禁在另一個城市，嚴格地監控這些人，以防消息走漏。

雖然外星人在洩憤後，離開了地球，但美蘇軍方仍持續進行

OLSEN-2 的研究計畫，特別是兩大強國都想要靠著這名外星人的經驗，獲取宇宙及外星人的祕密。令人意外的是，美國軍方並未遵守與蘇聯軍方的約定，在取得珍貴的資料後，並未分享給蘇聯軍方，直到蘇聯軍方人員無意中見到資料，並竊取回國後，雙方自此決裂，並各自利用手上的資料，發展太空計畫。

美國軍方為了防止更多的資料外洩，開始計畫處理掉 OLSEN-2。然而 OLSEN-2 也知道自己有生命危險，因此準備開始逃跑，但幾次的逃跑都以失敗作收。美國於 1969 年，由尼爾阿姆斯壯率領團隊，首次以人類之姿登上月球，當他踏上月球時，突然說了一句「祝你好運，葛爾斯基先生（Good luck, Mr. Gorsky）」，到現在沒有人知道這句話的意思，他本人和美國太空總署（National Aeronautics and Space Administration；NASA）的紀錄也沒有這句話，然而對於塔可哈莫的專家認為，這句話就是在對 OLSEN-2 的問候。

不過尼爾阿姆斯壯踏上月球的前一晚，OLSEN-2 莫名其妙地死去了，一般人相信，美國政府在順利登上月球後，OLSEN-2 已沒有利用價值，甚至有可能將一些機密告知蘇聯或其他國家，因此就將他暗殺。

儘管美國軍方後來否認塔可哈莫實驗計畫的一切，但有一部影片卻悄悄地從美國軍方流了出來。這部影片情境是這樣的，在塔可哈莫小鎮被摧毀後，照理說應該沒有任何建築物存在，但事實上，仍有一棟房子完好無缺地座立在這個小鎮中，這棟房子住

了一名男子，他外表看起來跟一般人類一樣，唯一不同的是，他不需要吃飯或喝水，只是每天都需要吃一種不明藥物，看起來像是他的糧食，讓他存活著。由於房子內部裝設許多監控攝影機，因此他的一舉一動都被記錄了下來，影片的最後，他似乎有些不太舒服，準備走上樓梯，到他房間休息時，突然在樓梯處坐了下來，接著就不再動作。一直到了夜晚，有一名不知名的人員走到他前面，檢查一下他的狀況，確定他已經死亡，影片至此結束。

這部影片開始的日期，剛好是在 OLSEN-2 被抓到的時間，而結束的日期，也在尼爾阿姆斯壯登錄月球日期的前一晚，與坊間傳說 OLSEN-2 死亡的時間一樣，也因此，許多人認為這部影片，就是美國軍方對 OLSEN-2 監視記錄片。在尼爾阿姆斯壯登陸月球，以及 OLSEN-2 死後，美國軍方全面掩蓋塔可哈莫實驗計畫的一切，也因此這項計畫曾消失於世界一段時間，一直到相關影片與記錄從美國軍方流出後，才受到後人重視。

有幾位當時參與塔可哈莫實驗計畫的美蘇知名人士，在不同的場合透露了一些訊息：

蘇聯科學家維斯卡伊亞教授（Professor A.A. Virskaia）：我一聽到 1969 年 7 月 20 日與塔可哈莫，就會顫抖不已。

美國軍方羅文將軍（General J.D. Rowen）：1969 年 7 月 20 日與塔可哈莫沒有任何關聯性。

美國軍方連恩團長（Colonel D.H. Lane）：塔可哈莫小鎮在 1968 年就已經進行居民撤離行動，沒有任何的證據顯示，這跟外星人有關。

美國科學家威爾邁德教授（Professor H.G. Wellmind）：塔可哈莫計畫已於 1969 年 7 月 20 日完成。█

MKUltra 殘酷實驗計畫
MKUltra Project

▌對於人類的實驗，除了第二次世界大戰的軸心國外，美國也於冷戰時期，進行一連串的人類實驗計畫。其中 MKUltra 實驗計畫，為美國政府近期承認的殘酷實驗計畫之一，由美國 CIA 執行，其目的是要研究出，如何透過各種手段，達到人腦完全控制的狀態。換句話說，這項實驗就是要研究出類似活屍，並接受政府的統一控制。

這個實驗甚至由美軍藥物研發部門一起參與，因其中一個實驗項目需透過藥物或其他活菌的方式，讓被實驗者的思想完全清除，再重生為一個乾淨的大腦。用電腦來作比喻，就是將現有的作業系統給清除，重新安裝另一個作業系統一樣，只是這裡用人腦來作實驗。不過為達到人腦完全控制目的，除了藥物或活菌注射方式外，甚至還有重度催眠、感官剝奪、長期禁錮或身心凌虐等實驗項目。

如果說實驗體找戰俘、罪犯或間諜等進行，或許爭議會比較小一點，但當時美國政府卻是誘騙美國與加拿大人民，以自願的方式進行實驗，甚至有些人是在未被告知的情況下，進行實驗。美國政府並未對他們透露任何訊息，只對他們告知是進行一般的實驗，對人體無傷害，但在長達 20 年的實驗後，許多實驗體早已死在實驗過程中，而部分活下來的實驗體，有的是發瘋，有的則

是改名換姓，苟延殘喘偷活著。有些活著的實驗體，想要公開此一政府殘酷行為，最後都人間蒸發，一般相信，他們是被 CIA 派人暗殺。

根據美國官方所公佈的數字，已公佈檔案所記載的實驗體大約為 149 人，但許多調查此事的民間團體認為，真正的數目應該上千人。最可怕的是，參與此實驗的學術人士約 80 人，參與的民間研究人員則高達 185 名，其中還不乏許多知名人士，但在實驗被中止後，這些參與人員則不是選擇默不出聲，就是遠走他方，有些較為核心的研究員，則也是跟著人間蒸發，生死不明。

雖然美國民間與部分政界人士，要求 CIA 將所有文件解密，但仍有一些文件則完全消失。然而，在 2001 年後，少部分活下來的實驗體或研究人員的身分逐漸曝光，也透過網路媒體，不論是表網或暗網，將所知道的不為人知的祕密分享出來。其中幾名不乏改名換姓，後來成為知名人物，從名人到罪犯都有。

其中一名實驗體為當時的網球明星哈洛德包爾（Harold Blauer），他在後期因得了精神上的疾病，開始尋找醫生治療。醫生診斷出他得了妄想型精神分裂症後，給他定期注射一些針劑。不過詭異的是，幫他注射針劑的醫生卻不知藥從哪裡來，只知道有高層人士囑咐他們一定要注射這些藥物，且不許過問藥從哪裡來，或藥的成分。雖注射的醫生不清楚大部分的藥，但其中幾個藥是在觀察哈洛德包爾被注射後的反應，推估其成分，應該為知名的 LSD 迷幻藥。

這些藥來自各政府機關，嚴格來說，是一些藥物實驗中心，如軍方化學部門或一些私人藥品機構，全部拿哈洛德包爾作為人體實驗。在哈洛德包爾被注射後，有專門的人士會跟監他，並記錄他的一舉一動。特別是注射一些類似 LSD 的藥品後，發現他會聽從 CIA 幹員的命令，甚至讓他自殘，他都不自知。後來美國軍方將這些實驗後的藥品，用在日後戰爭的戰俘身上。

哈洛德包爾曾對他的朋友與家人說，他常見到死神來命令他做他不願意的事，他甚至認為死期已經不遠，但他的朋友與家人不知道，他是 MKUltra 實驗計畫的實驗體。在被注射多種不明藥劑下，他的身體越來越虛弱，他認為他活在人間煉獄中，生不如死。然而當他自殺時，總是會莫名其妙地被救回來，主因是 CIA 幹員不想讓他這麼早死，認為他是個絕佳的被實驗體，縱使如此，死神還是悄悄地接近他。

哈洛德包爾由於被注射太多藥物，因此連自己都不知道生活在現實還是在幻覺中，甚至他根本不知道自己是否還活著。在經歷過一連串不道德的實驗後，他死亡的日子終於來臨了，在一次注射重劑量的藥物時，他承受不住藥物所帶來的反應，突然休克死亡。不過當然醫院會用一些理由，來掩蓋他是接受 MKUltra 實驗致死的事實。

哈洛德包爾事件在當時震撼全國人民，由於他是網球明星，震驚社會程度不亞於現代人們對保羅沃克的早逝的驚訝與不捨。在他早逝後不久，他的家人認為他是被政府謀殺，於是提告，終

於在 1987 年，美國法院判決他的家人勝訴，判政府賠他們七十萬
美元。

這件事後來被美國一些良知分子揭祕，發現是美國軍方與教
育單位聯手進行，在 MKUltra 下的一項殘忍子計畫。由於一名學
者保羅霍克（Paul Hoch）博士的教育單位捐贈大筆款項給美國
軍方，因此美國軍方將哈洛德包爾的專案，全權交由保羅霍克處
理。監視人員定時回報哈洛德包爾的健康狀況，當然連他承受不
了實驗結果，想要自殺等心理狀況，也一併回報給保羅霍克。

保羅霍克知道哈洛德包爾身體已經無法再承受任何的實驗，
但仍然強制進行更多的注射，導致哈洛德包爾的早逝。雖然美國
政府知道實情，但保羅霍克卻未受到任何懲處，甚至紐約州居然
還任命他為心理衛生局局長。這位保羅霍克在當時的行徑惡名昭
彰到了極點，但紐約市仍視他為英雄。

他對 LSD 的研究簡直到了瘋狂的地步，不斷地找尋平民或名
人做為獵物，趁著他們就醫時，囑咐醫療人員注射 LSD 到這些患
者中，並派 CIA 探員監視，與哈洛德包爾情形一樣。甚至為了研
究被注射 LSD 人的行為模式，利用不法手段來迷昏被實驗者，並
綁架到隱密的手術室，逕行將被實驗者的頭部剖開，將部分的腦
部切除，藉以研究 LSD 對腦部的哪一部分影響最深，或是不同人
是否會影響腦部不同的部分。

由於 LSD 的藥效除了讓被實驗者感到愉悅的幻想外，也會讓

這些人體驗到死亡的幻覺，這也就說明為何哈洛德包爾會常見到死神的幻象。保羅霍克藉以這些人面對不同情況的情緒變化，記錄每個人在面臨死亡時的腦部運作。當然有部分人是被抬到手術檯上，進行頭部剖開手術作分析。最悲慘的是，這些被實驗者都是在沒有知覺的情況下，被奪走生命。

當然在 1950 至 1980 年代間，醫學並未像現在一樣發達，因此為數不少的被實驗者，當場慘死在手術檯上。美國當局雖知道這些事，但為了滿足 MKUltra 計畫，將這些死者當作意外死亡，或直接就人間蒸發。

若是說對美國軍方或政府、學界以外的平民下毒手，可能只顯出這些單位視人民如草芥。然而後來流出的資料顯示，美國軍方連自己人都不放過，其中有位生物學家，法蘭克奧森（Frank Olson）博士，在美國軍方工作數年，卻也成為被實驗對象。

法蘭克奧森博士任職於美國陸軍生化研究部門，專門在研發生化武器。美國軍方當時鎖定幾個研究人員接受 LSD 的研究，但詭異的是，軍方並未告知被實驗者，意即被實驗者是在不知情的情況下，進行測試。當時被研究的對象為 9 名，法蘭克奧森博士是其中一名。由於這幾名工作人員身強體健，也不看病，因此美國軍方將 LSD 摻雜在他們的食物或飲料中，並派特定人員進行監視與記錄。

美國軍方先是以開會名義，誘騙 9 名研究人員到馬里蘭州的

深木湖區，接著與 CIA 人員聯手，在他們的食物與飲料中下藥。一連數天後，有幾名研究人員感到不適，且有嚴重的幻覺。由於他們知道 MKUltra 的細節，因此他們懷疑自己早已成為被研究的對象。在不斷質疑的聲浪下，美國軍方坦承他們是 MKUltra 的實驗對象，但再三保證他們不會有事。

然而，雖然部分研究人員接受實驗後，沒有什麼太大的後遺症，但卻忘記他們曾在這計畫裡擔任的工作與執行的細節。後來有專家認為，這是一種不奪人性命的滅口，這也是美國軍方與 CIA 為避免資料外流，以及不想造成外界太多想像，所以保存這些人的性命，僅奪去他們的記憶。不過法蘭克奧森博士就沒這麼幸運了，他在服用 LSD 後，精神與肉體出現非常不穩定的狀況，後經診斷，是得了思覺失調症。

CIA 將他安置在一間位於紐約曼哈頓市的旅館，一般人聽到這裡，會認為 CIA 還滿人道的，至少會照顧實驗的受害者，但真相是，CIA 抓到非常好的機會，將法蘭克奧森博士的發病症狀，一一地記錄下來。換句話說，法蘭克奧森博士的發病是在美國軍方與 CIA 的預期之外，在提供他治療之前，讓他的病情一直惡化下去。

法蘭克奧森博士在被送到旅館後的幾天，病情急速惡化，且在有生命危險之虞時，第二天 CIA 才決定送他去醫院。然而就在第二天一大早，CIA 人員敲他房門時，發現沒有回應，於是直接進去他房間，發現他已經死了一陣子。CIA 人員照理說應該要將

他的屍體送去醫院，但他們並未這樣做，反而現場解剖，記錄他的死亡狀況。CIA 當時認為，法蘭克奧森博士是一個完美的 LSD 活體與死體的實驗體。

在記錄完所有狀況後，CIA 才將法蘭克奧森博士的屍體祕密處理掉，並告知他的家人，說他是在做實驗時，感染到致命的細菌，得病而死。而他的死因在官方紀錄裡，是寫感染細菌而死，對他參與 MKUltra 計畫，則隻字不提。

在不久前，維基解密曾將部分 CIA 的文件曝光，當然也包括 MKUltra 計畫與被實驗者的紀錄。一些資料顯示，法蘭克奧森博士在死亡的當晚就出現了各種異常狀況，例如一直用頭撞旅館的玻璃窗，並不斷地在房間內跳動，大力踩著木製地板。只是負責監視他的 CIA 人員僅記錄下來他的狀況，並未採取任何行動。法蘭克奧森博士死時，身體是呈現非常恐怖的扭曲狀，似乎被人將頸部與腰部扭轉過來。

令人匪夷所思的是，美國政府雖然已中斷 MKUltra 計畫，並承認錯誤，但卻未宣布要終止該項計畫。部分美國有識之士則一直認為，美國政府到目前為止，仍持續進行 MKUltra 計畫，而對象則轉為遊民或罪犯，除了可以繼續實驗外，也可以有效減少這些美國政府視為麻煩的人口。▌

亡靈接觸實驗計畫

▌人類對另一個世界的好奇心是永遠存在，許多人用盡各種方法，證明另一個世界是真實存在。在東方國家，就會採用各種宗教手法，讓人可以遊地獄，但這仍充滿許多爭議。西方國家則是透過各種科學性的實驗，讓人可以與亡者接觸，或是與另一個世界做連結。例如中央紐約鬼魂獵人協會（Central New York Ghost Hunters；CNYGH），透過超自然電子訊號異象設備（Electronic Voice Phenomenon；EVP）採集到不屬於這個世界的聲音，因此透過一些科學實驗，將人類帶至另一個世界，甚至將另一個世界的形體或靈魂，帶到這個世界。

在 1972 年，加拿大人進行一項異界創造實驗，這個實驗與一般坊間的降靈儀式不同，一般的降靈儀式是將鬼魂召喚出來，而異界創造實驗則是將「亡靈」所存在的環境製造出來，讓亡靈認為他所在的環境跟他生前類似，並讓他能夠現身。

此事起源於 1972 年，加拿大的一個降靈實驗的團體，在加拿大多倫多市一間老房子玩通靈板（Ouija Board）時，接收到一名死亡已久的亡靈訊息。這個通靈板類似碟仙或筆仙，透過一個板子與道具，與另一個世界的亡靈溝通。他們同時發現在這間房子裡，有著許多亡靈住著，其中這名亡靈的訊息比其他亡靈更為明顯，於是在興奮之餘，將此事告知一些靈學研究團體。

一些加拿大研究靈異世界的人員對此事感到很有興趣，想知道人死後成為亡靈的情況下，如何仍能在這個世界進行活動，並利用某些有通靈能力的人，將兩個世界的頻率打通，讓兩個世界的訊息暫時可以交流。研究人員認為，如果可以順利進行降靈實驗，那麼就有機會解開人們如何與亡靈交流的大部分祕密。

　　這些研究人員找來降靈實驗團體以及一些靈媒，一起到這間充滿鬼魂的房子，創造出另一個世界的環境，希望成功讓亡靈現身。剛開始，一群靈媒圍成一個圓圈，試圖用意念將另一個世界的氛圍創造出來，這些研究人員用設備探測，是否有不尋常的聲音或是人影顯現出來。這些方法包括，一起誦經文、唱古時流傳下來的招魂曲，或是畫一些黑魔法陣法，甚至進行一些血祭典，目的就是要讓鬼魂透過這些方式聚集一起，並集體現身。

　　不過一連試了數月後，卻未有任何進展，甚至連半個靈魂都未能喚出。在研究人員與靈媒都精疲力竭情況下，部分人員退出實驗。經過研究人員對於失敗的分析後，發現坊間的召魂方法並不可行，於是再度召集新的團隊與靈媒，透過通靈板詢問這間老房子的亡靈，是否有意願出現在他們的面前。通靈行動一連進行了幾天，終於有了回應。

　　這個亡靈在透露幾項訊息後，研究人員發現，很顯然就是之前降靈實驗團體所喚出來的同一個亡靈。亡靈透露，雖然他已經知道自己死亡了，但因為他認為這裡的房間擺設與他生前所居住的房子擺設非常類似，而他生前所住的房子，已經被後來的新主

人重新翻修與裝潢過幾次，因此他非常喜歡這裡，住在裡面不想離開。

研究人員認為，這名亡靈所見到的房子景象，是他在死前最後一刻留下來的影像，於是為了要順利讓他現身，將實驗的房間進行佈置，並裝潢成與他生前最後所留下的房間印象一模一樣。透過通靈板的溝通，研究人員花了將近一個月的時間把房間布置好。接著跟他溝通，希望他能夠現身在人們眼前，或是進行一些類似隔空移物等行為。

當降靈儀式開始時，所有靈媒圍著一張圓桌坐著，研究人員採用一些簡單設備進行記錄。在儀式進行到一半時，這名亡靈出現了，雖然並未現形，但透過通靈板表達他的名字叫菲力普艾勒斯福特（Philip Aylesford），並簡單介紹他的生平。他於 1624 年出生在英國，參與過英國內戰，與查爾斯二世並肩作戰過。戰後，他與一名女子結婚，但過得並不幸福，數年後，他與一名吉普賽女子談戀愛，但這名女子最後被人們視為女巫，並將她燒死。這女子在死前進行一些儀式，讓她在死後仍能夠與菲力普在這人間相愛。1654 年，菲力普在不明原因下自殺了，也因為吉普賽女子下了不知道是什麼儀式或詛咒，菲力普的靈魂一直在人間徘徊，無法順利離開這個世界。

接著研究人員希望菲力普用一些靈動力量，證明他的存在。起初，菲力普對於研究人員做的事感到非常生氣，但後來經過靈媒溝通後，他簡單地晃動一下桌子，證明他是存在的。當然，後

來研究人員除了不知道如何讓他現身或發出聲音外，能做的都做了，例如移動物體、觸碰在場人員，甚至將在地毯上的桌子大幅度的移動。

當然，這一次的實驗是成功的，但也替研究人員、靈媒與這間房子留下許多後遺症。例如部分靈媒失去了通靈能力，反而研究人員有了陰陽眼，能夠見到另一個世界的亡靈，部分研究人員為此而得了精神上的疾病。另外在這次的降靈實驗後，這房子有更多的鬼魂聚集，幾乎每天上演靈動事件，造成屋主非常大的困擾。雖然加拿大的降靈實驗，造成部分靈媒或研究人員的體質出現異狀，但幸好沒有生命危險。

另一件很有名的異世界接觸實驗計畫，是由澳洲的一個專門研究靈異事件的團體所進行，被稱為雪梨實驗計畫。這個澳洲團體在一個機緣下，認識一群靈媒。這些靈媒告訴他們，在雪梨的一棟古老豪宅裡，住著一名 14 歲小女孩的亡靈，其靈動力異常強大。研究團體認為，或許這個亡靈可以讓他們更瞭解一些另一個世界的祕密。

透過靈媒的接觸，得知這名 14 歲小女孩名字叫史奇皮卡特門（Skippy Cartman），她生前曾與天主教學校老師有過一段不倫戀情。經過一段時間，史奇皮卡特門發現她懷孕了，並將此事告訴這名老師。沒想到，這名老師為了名譽，也害怕天主教廷會處罰他，於是開始想辦法要將這件事情掩蓋過去。他首先誘拐這小女孩到野外，再接著將她絞死，肚裡的胎兒也一併死亡。接著他

買通了當地辦案人員，讓這件案子最後被判決為意外死亡，不再進行任何的調查。

靈媒告知研究團體，史奇皮卡特門的靈魂一直在古老豪宅裡遊蕩，她似乎不想離開這個地方，因為她還沒有找到她的小孩，一旦她找到小孩，她就會跟小孩一起上天堂。研究團體認為，這是個進行這項實驗的好機會，因此就在這間豪宅裡架起設備，與靈媒一起進行降靈實驗。

剛開始的狀況與進行菲力普艾勒斯福特降靈實驗加拿大研究團隊情況一樣，一直無法成功讓史奇皮卡特門的靈魂現身。在試了幾次都無效後，此研究團體參考了加拿大研究團體的例子，聚集了一些靈媒，試圖創造出另一個世界的環境，讓這小女孩的亡靈現身。

研究團隊將靈媒們圍著圓桌坐成一圈，圓桌中間擺放著通靈板，史奇皮卡特門可透過通靈板與他們進行溝通，接著靈媒們開始喃喃自語，試著召喚出這小女孩的亡靈。在實驗進行了一段很長的時間後，眼見包括靈媒們在內的每位工作人員幾乎要放棄時，史奇皮卡特門卻成功地被召喚出來了。

透過靈媒的通靈板，研究團隊要求她移動家具，以及發出一些聲音，甚至讓一些物品發出碰撞聲，以證明她的存在。而她確實有照著做，如移動靈媒的桌子，或是敲碎玻璃，並發出一陣低頻，且令人感到不舒服的聲音。研究團體對此結果非常滿意，並

對外宣稱這次實驗非常成功。不過和菲力普艾勒斯福特實驗不同的是，這次的實驗僅有紙本上的紀錄，而非留下影音紀錄，這也讓許多人質疑此次實驗的真實性。

　　針對坊間質疑的聲浪，研究團體公開聲明，將再度進行第二次的雪梨實驗計畫，這次會用攝影機記錄所有降靈實驗的經過。雖然研究團體不斷地對外放話，但自始至終都未再展示出更多有力的證據。不過有些瞭解內幕的人士透露，這研究團體不再對此事繼續發表聲明，主要原因在於實驗後，許多參與的人員感到身體不適，甚至有些人每天都出現睡眠癱瘓症，有些人處於精神分裂症的邊緣。

　　當時有一些靈媒指責這個團體，不該將不屬於這個世界的東西，硬是要在這個世界中證明出來，這將會對這個世界帶來更多的災難。不過話說回來，雖然加拿大與澳洲的團隊在進行降靈實驗中，創造出另一個世界環境時，造成許多靈媒與研究人員體質上的變化，但幸運的是沒有危害到任何人的生命，最多就是精神與肉體的傷害。然而這種接觸另一個世界的實驗，則仍有許多研究團體不斷地進行，甚至有些實驗奪去了被實驗者的生命。

　　除了降靈實驗外，人類也想盡一切辦法與神接觸，有一則都市傳說，是在敘述一小群實驗團隊，進行與神接觸的實驗。此實驗非常恐怖與殘忍，是將人類感官剝奪的實驗。1983 年，一個隸屬美國政府資助的研究團隊，進行了這項恐怖的實驗，最主要目的是為了讓人能夠與神溝通。這個實驗，將會把人所有感覺陸續

切斷，而實驗體則有可能會成為植物人，嚴重時可能致死，這已經是一個不可逆的實驗了。

降靈實驗是將亡靈召喚出來，其目的是將原本不存在這個世界的形體，顯現在這個世界中，對這個世界的衝擊比較小。不過有一些實驗則是違反自然的作法，且實驗的結果，往往讓被實驗者受盡折磨而死。過去有一群美國的實驗團體，為了要一探另一個世界的真相，甚至希望見到神，進行了一項名為「神喻」的恐怖實驗。

根據一些印地安人的古老傳說，當人類失去視覺、聽覺、味覺、嗅覺、觸覺這五感時，就會接觸到另一個世界，如同亡者一般。然而，亡者的大腦無法運作，但失去感覺的實驗體的大腦，仍可以繼續運作，也可以說話，但隨著感覺的失去，表達訊息的能力也會逐漸失去，包括說話的能力。為此，實驗人員設置一個腦波偵測器，讓切斷感官的實驗體，能夠透過腦波偵測器，傳回實驗者想要表達的意念。

當實驗人員找到自願者擔任實驗體後，便開始這項恐怖的計畫。在阻絕實驗體的感官初期，並沒有太大的變化。直到過了兩三天後，實驗體開始有些焦躁，因為他雖然失去聽覺，但卻意外地連接到另一個世界的亡者訊息，包括他的太太、朋友、親人等。

接著又過了幾天，他一直重複說，他看到地獄般的深淵，

聽到許多掉落地獄的人們恐怖哀嚎聲，他們甚至想要爬出地獄，上去天堂。在經過數小時的陳述後，實驗體似乎忘記他已經失去了五感。一週後，實驗體開始有些焦躁不安，他認為他根本沒有失去五感，而是實驗人員把他送進了地獄，因為他不論醒著或睡著，都會聽到來自地獄的聲音。

三週後，這個實驗體突然發狂似地，用手抓著自己已沒有眼珠的眼眶，對著研究人員狂喊著快把他殺了，因為他再也忍受不了這些來自地獄的訊息。他嘶吼了整個晚上，第二天清晨，他突然大喊一聲：「我終於聽到神的聲音，但他卻遺棄了我們。」說完後，馬上斷氣而亡。在這個實驗計畫結束後，因實驗結果慘無人道，因此美國政府將所有資料封存起來，一直過了幾十年後，才有一些當時的參與人員陸續透露當時的真相。

雖然這些實驗，都是為了要證明在我們活著的這個世界以外，有另一個充滿亡靈的世界並存著。兩個世界各有的秩序在運行著，彼此互不侵犯，但當有人想要用盡方法，探索亡靈的世界，試圖破壞這兩個世界的秩序時，將有可能招致死亡或是毀滅。▍

第 6 區實驗計畫
Area 6

▌ 美國對於外星人的計畫中，以第 51 區最有名，甚至連美國部分
政治人物都不否認 51 區的存在，但更令人驚訝的是，美國在外星
人接觸計畫中，除了 51 區外，甚至建立了第 6 區。這是一位美國
人在美國內華達州的一處沙漠區，測試無人機在空拍時，無意間
飛過這個基地，並拍了幾張照片。雖然他知道附近有 51 區，大
概也知道位置，但此次測試無人機的區域，是離 51 區約 20 公里
處，離賭城拉斯維加斯約 130 公里處。

　　他發現這個基地與 51 區一樣，有著類似飛機的跑道，但四
周似乎被鐵網圍了起來。事實上，內華達州一直是美國政府測試
一些祕密計畫的主要地區，過去與原子彈試爆相關的曼哈頓計畫
也是在內華達州進行。因此，當這個基地被揭發於媒體後，許多
人士開始研究討論，到底這個祕密基地進行的是什麼計畫。

　　由於 51 區的計畫非常完整，是以與外星人科技交流與研究
為主，為了不讓其他國家得知美國的外星人計畫，以致整個區
域戒備森嚴，甚至被美國軍方列為最高機密，連美國總統都不知
道有這個計畫的存在。第 6 區比較像另一個外星人研究計畫的基
地，雖然戒備不如 51 區森嚴，但也被美國政府列為最高機密。由
於第 6 區曾被一些記者質疑過許多次，最後美國國家核安全管理
局（The National Nuclear Security Administration）發言人不得不跳

出來澄清，這只是一個研究國土安全計畫的基地之一，至於研究的內容，多半是以無人機或新型武器的測試等，另外，也進行一些與核能設備有關的實驗計畫。

在第 6 區被拍到照片後，除了幾棟建築物外，其中有個長又寬的跑道非常明顯。有人質疑，這個跑道是為了外星人的太空船起降而建立，但國家核安全管理局又再度否認，僅表示這跑道是為了讓一些國土防衛的無人機，或一些飛行物的起降使用，輕描淡寫地帶過這個跑道的用途。

雖然官方有自己的一套說法，但仍難採信於人，甚至當地居民陸續向媒體透露，他們曾見過國家核安全管理局所謂的飛行物，但這些飛行物並非是一般的飛機形狀，而是與傳說中外星人的橢圓形或碟狀飛行物類似。而這些居民的說法，並不像是在編故事，因為不同的居民所描述的情況都相同，假如說是巧合，也過於牽強，因此許多人直覺性地認為，第 6 區就是另一個 51 區的基地，只是 51 區是美國軍方管轄，第 6 區則是由國家核安全管理局管轄。

美國曾有一家媒體撰文發表，第 6 區其實是存放核廢料的地方，並由國家核安全管理局管理，而照片上見到的跑道，是運送核廢料車輛進出的道路，除此之外，並沒有什麼特別之處。這篇文章和國家核安全管理局過去公開發表，第 6 區進行無人機測試的說法有些許不同，且第 6 區所佔的面積不大，儲放核廢料的說法也過於牽強。有些人又開始質疑，國家核安全管理局買通部分

媒體，讓這些媒體撰文澄清第 6 區的祕密，然而，實際上更令人懷疑事情的真相，產生更多的疑點。

特別是道西基地的都市傳說散佈開來後，許多美國民眾知道美國政府的確有和外星人進行一些不為人知的實驗計畫，且是利用人類來進行測試，再加上 51 區的繪聲繪影，讓第 6 區附近的民眾感到非常恐懼。當地甚至傳出，外星人早已住進了附近的小城，與人類生活在一起。這情形就和塔可哈莫計畫一樣，讓人類與外星人共同居住，有些曾聽過道西戰爭與塔可哈莫計畫的民眾，感到非常害怕，因為照過去的傳說，第 6 區附近小鎮的民眾可能有生命危險，不是被外星人威脅，就是被美國政府給滅口。

另一個讓人懷疑的點就是，美國軍火商基本上與政府關係非常良好，軍火商甚至會捐助給美國政府一些經費，進行一些專案研究或其他計畫，以至於軍火商對於政府的大部分計畫都瞭若指掌。然而，唯獨這個基地的一切，大部分的軍火商是完全不知情。曾有記者訪問過軍火商有關於第 6 區的祕密，這些軍火商不是表示不知道，就是感到非常訝異有這基地的存在。

不過還是有軍火商表示意見，他們認為第 6 區是為了要讓美國政府發展對抗恐怖分子的武器專區，其中飛機跑道則應該是進行測試無人偵察機的起降，因此軍火商不認為第 6 區與外星人有關。至此，第 6 區分為兩派說法，一派是力挺美國政府，認為第六區是測試核能設備，或是進行一些軍方武器測試的基地，但另一派則認為，第六區與外星人實驗絕對息息相關。∎

謎一般的印地安湖計畫
The Indian Lake Project

▌在歷史上,有許多恐怖的實驗是違反自然與人性,最出名的就是納粹對猶太人的人體實驗,以及 731 部隊的恐怖實驗。然而,有些西方國家進行的實驗,雖然知道的人不多,但在資訊爆炸的今天,這些恐怖的實驗一一浮上了檯面,其中也包括貓神經控制實驗。

貓神經控制實驗是由一個未具名的美國研究單位,所進行的地下恐怖實驗計畫。實驗的目的,是要研究如何利用電流或其他方式,來控制動物的行為。首先,這單位找來一隻貓,並將這隻貓的腦部的控制部分給切除,並在中樞神經接上控制管線,接著就讓這隻貓在跑步機上行走。研究人員利用電流的強弱或其他方式透過管線,來下達控制命令,讓貓在跑步機上行走或跑步。雖研究人員成功控制貓的行為,但這隻貓卻是一具失去靈魂的空殼了。除了貓以外,美國政府也進行了一項祕密性的實驗計畫,只是這對象不再是動物,也不是成年人類,而是以小孩為實驗主體。

1997 年,一名美國男子在俄亥俄州的印地安湖邊散步時,突然發現地上有一個鐵盒。這個鐵盒與一般鐵製餅乾盒無異,只是上面沒有任何亮眼的花紋,只有兩個倒三角形與一個圓形。這名男子起初只是為了想撿起來,丟到垃圾筒,但當他拿在手上時,

突然感到一股寒意，似乎感覺到鐵盒的詭異氣氛。由於鐵盒沒上鎖，於是他打開來看，發現裡面有二十一張照片、幾捲八厘米影片膠卷，及一份文件。

他拿起幾張照片看了幾眼，見到幾名小孩躺在病床上，床頭寫了一些文字，似乎在進行某種治療。不過當他拿起文件看時，發現上面對這些照片的敘述，並不是在治療這些小孩，而是進行一項由政府主導的祕密實驗。這名男子看完文件後瞭解他可能找到一些原本不該知道的事，於是他隱瞞此事，僅對跟他關係很好的外甥約翰說明此事的緣由。

2002 年，這名男子突然心肌梗塞死亡，雖然他的家人對他的死因無異議，但知道實情的外甥約翰直覺性的認為他的死因不單純，絕對與印地安湖事件有關，只是一直找不到有力的證據，然而他決定將此事在網路上公開，以找尋一些與此計畫有關的蛛絲馬跡。約翰在翻看他舅舅遺留下來的紀錄時，發現到，他舅舅在印地安湖附近的森林裡，找到一個山洞。這個山洞雖然不深，但非常隱密，假如不是特地去找，是無法發現到這個地方。

除了山洞的訊息外，最令人感到驚悚的就是約翰的舅舅所留下的鐵盒。約翰將鐵盒打開後，也見到裡面幾位小孩的照片。其中一張照片為三名小孩的大頭照，上面寫的名字分別為山姆、羅傑、莎莉，雖然他不確定這三個名字是否就是這三名小孩的真名或代號，但他知道的是，美國政府進行一項恐怖的地下實驗計畫，且與小孩有很大的關係。

接著約翰發現裡面有很多張關於羅傑這名小孩的照片，每張照片顯示羅傑在不同年齡下，接受實驗後所產生的反應。當然，鐵盒內不只有羅傑的照片，還有一些照片是屬於山姆與莎莉，只是沒有羅傑這麼多。他猜測，這些小孩是美國政府進行一些不人道計畫的測試對象，再者，由於當時 CIA 進行的計畫被陰謀論討論得沸沸揚揚，因此他也懷疑這些小孩是 MKUltra 計畫下的犧牲者，甚至是比 MKUltra 更恐怖計畫，因為連小孩都成為實驗對象，這也令約翰感到非常憤怒與難過。

鐵盒內的羅傑照片除了接受手術後，躺在床上的觀察狀況外，甚至連他坐在餐桌前吃飯，進行日常活動照片，都有保留下來。由於羅傑的照片是有分年齡性，不同的年齡有不同的照片記錄，而其他小孩雖然也有拍攝在不同年齡時，接受實驗的觀察照片，但完整性不如羅傑的照片。鐵盒內還有幾捲八厘米影片膠卷，但因長時間的擱置，造成膠卷過度潮濕，出現一些斑點。約翰拿給攝影公司工作的朋友，試圖進行修復。在他的朋友經過一番搶救後，部分影片似乎救了回來。

約翰與他的朋友播放第一部影片，一開始的數分鐘，螢幕一片漆黑，當約翰懷疑影片是否仍有問題時，布幕突然出現了畫面。這時見到四名小孩，包括羅傑、山姆、莎莉，還有一名沒有出現在照片裡的小孩，一起被關在一個密閉的房間裡。這四名小孩一起坐在一張中型的方桌，吃著他們的餐點，其中一幕照到羅傑時，就跟他在吃飯的照片一模一樣。約翰憑此斷定，這四名小孩被軍方關這個密閉的房間，進行恐怖的實驗。

接著他再放第二部影片，見到這些小孩坐在一排，專注地聽著他們前方機器所發出的聲音。他聽了許久，發現這機器發出的是一種高頻的聲音，他認為這是訓練狗所用的聲音，猜測軍方是要訓練這些小孩，用一般人難以聽到的高頻聲，控制他們的行動，如進行一些危險任務。當約翰再繼續找更多的資料時，發現CIA 在計畫之前，更進行了一個 Artichoke 的計畫。

　　所謂的 Artichoke 計畫，就是將一些在戰爭時期審問戰犯的藥物或手段，施加在一般人身上，試著控制一般人的行為，也可以說是計畫的前身。然而 Artichoke 計畫並不是最原始的計畫，還有更早的 Bluebird 計畫，這計畫的目的也是想採用藥物與催眠的方式，來控制人的思想，甚至逼問罪犯或間諜的自白。當約翰翻著鐵盒裡的文件，試圖找出更多線索時，突然見到其中一份文件寫著：「這是一個挑戰道德底限的計畫，我們真的要試著透過藥物或精神上的虐待，控制其他人的行為嗎？」

　　這很顯然是一名對此計畫感到不安研究人員，所寫下的自白書。在這些文件裡，一部分來自軍方，另一部分來自 CIA，幾乎都是在敘述如何控制人類思想及實驗結果，根據裡面的描述，就像是記錄這些小孩的實驗歷程。不過因為有些紀錄過於殘忍，即使沒有圖片，光看文字就覺得非常驚悚，因此約翰打算先跳過這些文件，直接到印地安湖旁的山洞搜索。

　　約翰認為，如果到現場勘察，應該可以找到更多的資訊。於是他在印地安湖附近的旅館住了下來，沿著他舅舅遺留給他的線

索，尋找山洞的位置。事實上，他在數年前，就曾經和他舅舅一起探訪過此地，當時他年紀還小，所以不太記得正確的位置，這也因為印地安湖是個大型叢林，假如一個不小心，很有可能會在裡面迷路。幸好約翰的方向感很強，比對著地圖來回勘察後，對整個地形有了大概的瞭解。

他沿著印地安湖四周走著，尋找了一段時間後，他終於找到山洞入口了，但不幸的是，這入口處卻被一個上鎖的鐵門封著。他試著撬開這門鎖，只是怎麼弄都打不開，有可能是年久失修，鎖裡面都生鏽了，導致他無法撬開。他離開大門，到附近找找是否有其他的入口。在找了一陣子後，他看到在山洞上方，有一個類似防空洞洞口的鐵蓋，他猜測這鐵蓋的下方，應該就是山洞內部了。他看見鐵蓋是被一個小鎖鎖住，於是拿了塊石頭把小鎖敲開，將鐵蓋掀開後，果然有一道樓梯往下方延伸過去。

他爬下樓梯，到了一個類似防空洞的地窖，裡面有幾個房間，有些房間有著生鏽的鐵床，有些房間有幾個石桌，有些房間則是空空蕩蕩。約翰見到這些鐵床，不免想起那些接受實驗的小孩，因為接受這類的非人道實驗，這些小孩一定感到非常痛苦，甚至有可能被折磨地不成人形，他一想到這裡，就出現一陣嘔吐感。在探勘完後，他很快地抹除了一些進來過的痕跡，包括鞋印或手印。接著他照了幾張相片後，快速地離開了地窖。

雖然他已經很小心地不留痕跡，但當他將此事發表在他的部落格後，他身邊出現一些不尋常現象。首先他手機經常在半夜裡

響起來，他接起電話時，又沒有人說話，接著他的房子常被人破壞門窗的鎖，進到屋內翻箱倒櫃，似乎要找些什麼東西，但又找不到。

約翰見到這些狀況，心裡已經有譜，猜想是 CIA 或軍方人事要來找他麻煩，於是他出門更加小心，也不再隨意向其他人透露有關印地安湖計畫的事，甚至將鐵盒收到一個完全無人知道的地方，他認為，這些到他家的人，就是為了找回鐵盒子。然而有一天，約翰收到一封自稱為安娜的女子來信，向他說明她父親曾參加過這個計畫，所以她對計畫的內容很熟，甚至她將幾份計畫的文件寄給他，取得他的信任。不過當約翰開始信任安娜時，她開始向他要鐵盒裡面的照片與膠卷，這時約翰感到不對勁，認為安娜有可能是 CIA 或軍方的特工，向他來套消息的，他立即與安娜斷絕一切聯絡方式。

眼看此事的熱度逐漸消失之際，在 2007 年時，約翰又收到名為「美國搜索門（America's Research Gate）」的一個神祕組織的來信。他從未聽過這個組織，但這封信上有寫到一些有關於印地安湖計畫的事，但並未表明寫信給約翰的實際目的，僅單純介紹這個組織，以及對於印地安湖計畫的一些疑問。起初他並不以為意，以為是一般民間的調查組織，但在信上有著光明會的上帝之眼標記，因此他覺得很詫異，並想起過去他曾聽過光明會對於美國政府有很大的操控能力一事。而這個美國搜索門的組織，是否又跟光明會有關，又或著是分支，這一切又讓他陷入謎團中。

約翰的部落格一直到 2011 年都還有在繼續發表文章，主要是向關注此事的人報平安，此後又消失了兩年。最後在 2013 年，他在臉書與部落格再度發出一些訊息，告知大眾，他將要揭露更多的祕密，然而自此之後，約翰再也沒有更新他的消息了，至於整個事件的後續發展，或他的生死安危，到現在仍是一團迷霧，也或許真相隨著約翰的消失，也永遠無法得知了。▉

高寶書版集團
gobooks.com.tw

新視野 New Window 156

不為人知的都市傳說 2：暗網禁片、亡靈世界、駭人實驗，真實存在的暗黑計畫

作　　者　Shawn Chen
副總編輯　蘇芳毓
責任編輯　吳珮旻
封面設計　林政嘉
內頁排版　趙小芳
企　　劃　陳俞佐

發 行 人　朱凱蕾
出　　版　英屬維京群島商高寶國際有限公司台灣分公司
　　　　　Global Group Holdings, Ltd.
地　　址　台北市內湖區洲子街 88 號 3 樓
網　　址　gobooks.com.tw
電　　話　(02) 27992788
電　　郵　readers@gobooks.com.tw（讀者服務部）
　　　　　pr@gobooks.com.tw（公關諮詢部）
傳　　真　出版部　(02) 27990909　行銷部 (02) 27993088
郵政劃撥　19394552
戶　　名　英屬維京群島商高寶國際有限公司台灣分公司
發　　行　希代多媒體書版股份有限公司 /Printed in Taiwan
初版日期　2016 年 8 月

國家圖書館出版品預行編目（CIP）資料

不為人知的都市傳說 . 2：暗網禁片、亡靈世界、駭人實
驗，真實存在的暗黑計畫 /Shawn Chen 著 . – 初版 . –
臺北市：高寶國際出版：希代多媒體發行 , 2016.08
192 面；14.8x21 公分 . –（新視野 156）

ISBN 978-986-361-321-3（平裝）

1. 社會史

540.9　　　　　　　　　　　　105013174